A VIDA É ASSIM

Lorení Dalla Corte

A VIDA É ASSIM

CONTOS

MINOTAURO

A VIDA É ASSIM

AUTORA: Lorení Dalla Corte

DIRETOR DA ALMEDINA BRASIL: Rodrigo Mentz
EDITOR: Deonísio da Silva
ASSISTENTES: Mary Ellen Camarinho Terroni, Michele Roberta Rosa e Silva
PRODUTORA EDITORIAL: Erika Alonso
ASSISTENTES EDITORIAIS: Letícia Gabriella Batista e Tacila Souza
ESTAGIÁRIA DE PRODUÇÃO: Natasha Oliveira

REVISÃO: Daboit Textos
CONCEPÇÃO GRÁFICA: Eduardo Faria /Officio

SUPERVISÃO GERAL: Deonísio da Silva e Marco Pace

ISBN: 9788563920768

Dezembro, 2023

Dados Internacionais de Catalogação na Publicação (CIP)
(Câmara Brasileira do Livro, SP, Brasil)

Corte, Lorení Dalla
A vida é assim : contos / Lorení Dalla Corte. --
São Paulo : Minotauro, 2023.

ISBN 978-85-63920-76-8

1. Contos brasileiros I. Título.

23-181186 CDD-B869.3

Índices para catálogo sistemático:

1. Contos : Literatura brasileira B869.3

Tábata Alves da Silva - Bibliotecária - CRB-8/9253

Este livro segue as regras do novo Acordo Ortográfico da Língua Portuguesa (1990).

EDITORA: Almedina Brasil
Rua José Maria Lisboa, 860, Conj.131 e 132, Jardim Paulista
01423-001 São Paulo | Brasil

www.almedina.com.br

Para José e Noemi, meus pais, *in memoriam*.

Para Gilberto, amor da minha vida, *in memoriam*,

Sílvia, Gérson e Heloísa, meus filhos,

Mateus, Gabriel, Nicolle, Vittorio, Rafaello

e Mikael, meus netos.

Sumário

9 O sonho
11 Lampião de querosene
13 A casa velha
23 A horta de Dona Maria
27 A mulher que amava o vento e a tempestade
35 E elas ficaram presas no cemitério...
41 Força que se irradia
49 O menino que carregava uma tristeza imensa
53 A sorrateira
57 Contemplação
59 Fuga da rotina
63 Enchentes
69 A vida é assim...
71 As pessoas temem mulheres independentes
73 O primeiro amor
75 A cidade das viúvas
81 Pneu furado
83 Bêbado ou morto?
85 O círculo fechado
89 Insegurança
91 Mais tarde
93 Guris
97 Secretária
109 A mulher e o mar
111 Ray-ban e bengala
113 O mar
115 Diretório Acadêmico (D.A.)
123 Decadência
125 Hora marcada
129 Retrato
135 Miragem
139 O rancho
143 A Cidade

O sonho

Noite dessas tive um sonho.

Vínhamos de mãos dadas, meu amor e eu.

Estávamos alegres, felizes, entusiasmados.

Chegamos à beira de um rio. Fiquei com receio de atravessar, mas ele estava tranquilo.

Não era um barco o que nos transportava.

Era um objeto comprido e alto no qual a gente se agarrava com as mãos, em umas alças, e impulsionava com os pés.

Tinha bastante gente fazendo o mesmo. Eu não conhecia ninguém, nem ele.

Não foi difícil a travessia, ao contrário, foi muito fácil e rápido.

Fomos rindo e conversando, percebia-se a leveza de nosso estado de espírito, a tranquilidade e segurança.

Ao chegar do outro lado, o povo dispersou.

Eu fiquei sozinha. Mas sabia que ele estava por perto, estava segura disso.

O dia foi passando, já chegava o anoitecer.

Eu carregava uma sacola meio esfarrapada, e dela caíam as coisas que eu carregava.

Perguntei por ele. Estava apreensiva. E ele não vinha.

De repente, surgiu uma mulher, de quem eu não via o rosto, que me disse:

—Põe este vestido vermelho, põe tuas coisas nesta outra sacola e vamos. Vou te ajudar a chegar ao rio para voltares.

Eu procurava por ele.

As coisas caíam da sacola.

Escureceu.

Eu não via nada. Caminhava no escuro.

A mulher segurava minha mão e tentava me tranquilizar.

Seguimos caminhando no escuro, eu ansiosa e com medo, procurava por ele e dizia:

—Como que ele foi na minha frente e não me avisou, nem esperou? Deixou-me aqui, sozinha? Ele não podia fazer isto comigo... abandonou-me!

Continuamos caminhando, a mulher e eu. Sei que era uma mulher pela voz, e estava com um vestido longo, não sei a cor.

Quando fomos chegando perto do rio, vi uma pequena claridade, e ouvi o ruído das pessoas conversando.

A mulher sumiu.

Atravessei o rio?

Lampião de querosene

A menina Elisa vivia em uma pequena casa com sua família.

O pai trabalhava muito, a mãe cuidava da casa, dos filhos, e ia nas reuniões semanais da Sociedade de Senhoras da igreja.

Em sua casa já haviam instalado a luz elétrica. Mas o que chamava sua atenção, era o velho lampião de querosene, usado quando apagava a luz, e ficavam, no escuro, batendo-se nos móveis.

Era um objeto antigo, tinha uma base redonda, uma parte onde encaixava um vidro, e este tinha, no seu interior, como que uma bucha, um pavio, que era onde pegava o fogo para alumiar. Na base o pai colocava querosene, com seu cheiro forte e ardido. Ao lado tinha uma chavezinha que, girada para a esquerda ou para a direita, aumentava ou diminuía o tamanho da chama da luz.

Elisa esperava com ansiedade a noite que a luz faltasse, para ver o pai puxar o velho lampião, fazer a cerimônia de acendê-lo, e regular o tamanho da chama.

O lampião ficava no centro da peça, em cima de um móvel, e aproveitavam para distrair-se enquanto aguardavam o retorno da luz. Colocavam as mãos à frente do lampião, e o pai ia ensinando as crianças a fazer diversas formas com as sombras proporcionadas por ele: coelho, cachorro, gato, galinha, cavalo, jacaré, passarinhos... e o pai ia ensinando, eles observando e adivinhando que bicho era. Ficavam horas nessa brincadeira, e a gurizada ficava braba quando a luz voltava...

Momentos inesquecíveis da infância que Elisa recorda com prazer.

O que não gosta de recordar é do dia em que foi buscar uma roupa dentro do guarda-roupas, segurando o lampião, e as roupas pegaram fogo... o pai veio correndo, pegou um cobertor e abafou o fogo, apagando-o imediatamente. Ô susto! Elisa sentiu uma chamuscada em seus cabelos, sem maiores consequências. Mas o seu lindo vestido cor-de-rosa, com babados e florzinhas, que tinha ganhado de Natal, queimou-se todinho. Que tristeza!

Quando a iluminação estabilizou na cidade, o velho lampião foi morar dentro da caixa de pescaria do pai, no velho galpão. Ele só voltava a ser usado quando o pai chamava seus amigos e iam pescar. Mas meninas não iam a pescarias... Elisa nunca mais pôde ficar admirando a chama do velho lampião que, quando aceso, fazia arder o nariz com seu cheiro forte.

A casa velha

O homem chamou a mulher e os filhos:

—Arrumem-se!

E não falou mais nada.

Os seis saíram, no início da tarde, e caminharam longas quadras no destino sul. Moravam na baixada, perto do centro.

Dois dos meninos e a menina saltitavam à frente do casal, no colo de quem o bebê era trocado, de quando em vez, para descansar os braços dos pais.

Caminharam, suaram ao sol de dezembro que, na zona meridional do Brasil, é quente e abafado, chegando a faltar o ar.

Finalmente chegaram: desceram um barranco, subiram outro, e lá estava, acima da rua, à esquerda, em outro barranco de terras vermelhas, a casa que seria deles.

As crianças enxergaram os pessegueiros, que ofertavam seus grossos e sombrosos galhos, de onde destilava um perfume das frutas, madurinhas, avermelhadas, inesquecíveis, macias, pedindo: coma-me!

—Podemos entrar? Que terreno grande!

A mãe viu a casa, o galpão, o pátio grande para as crianças brincarem e estender a roupa que, secando ao sol, tem aquele cheirinho de limpeza.

O pai viu o lar, pelo qual vinham lutando há anos: comprar a casa da família, não pagar mais aluguel, ter o seu cantinho.

A casa era velha, tinha mais de quarenta anos. Era de madeira, havia frestas entre as tábuas, ratos no forro, era pequena. Mas eles iriam melhorá-la, e ali seria o seu universo a partir daquele dia.

A menina estava encantada:

—Um quarto só para mim? Meu Deus, que maravilha!

Apesar de pequena, a casa tinha três quartos, uma pequena sala de estar, outra menor ainda, de jantar, e uma minúscula cozinha.

No local destinado ao banheiro, só havia um latão com furos, seguro por uma corda, que seria o chuveiro. Teriam que amornar a água, despejar no recipiente e, na rapidez de um raio, lavar-se, pois ao abrir a torneirinha, sairia a água toda...Mas a casa seria deles!

Voltaram para casa, felizes, cantarolando, cada um pensando nas coisas boas que teriam dali para a frente.

Após algum tempo, foi a hora da mudança. Juntaram os parcos móveis que tinham e rumaram destino à nova casa.

Uma das maiores qualidades do terreno era a visão da paisagem.

Por ser localizada em uma parte alta da cidade, a qual tinha baixadas e morros, a visão era privilegiada. Descortinavam-se, ao longe, o morro do centro, o morro do cemitério ao leste, e o morro da igreja dos freis capuchinhos, com a faculdade ao lado, ao oeste. Só não se via o norte, que ficava atrás do centro.

O homem já tinha providenciado paredes duplas, para estancar o frio que entraria pelas frestas das tábuas, no inverno; novas janelas, pois as anteriores já estavam caindo; aumentou o quarto dos meninos, pois o bebê iria para o quarto com os irmãos mais velhos; fez calçada entre o galpão e a casa, pôs energia elétrica no galpão, e plantou uvas no espaço entre o galpão e a cozinha. Da branca e da preta.

—Podemos ter um cachorro?

E Tupi foi fazer companhia à família. Era preto, com uma mancha branca na testa, um vira-lata amigo dos meninos, do qual a menina tinha muito medo. Era brabo com estranhos e cuidava muito bem da propriedade.

As crianças foram transferidas para o grupo escolar estadual a duas quadras da casa. Brizola governava o estado, e não queria ninguém fora da escola. Como não havia espaço escolar para todas as crianças, foi criado um horário especial, em três turnos: das 8 às 11 horas; das 11 às 2; e das 2 às 5. O pior, e que coube à menina, era o das 11 às 2, pois bem no horário do almoço estava na escola.

A casa não tinha água encanada. Para abastecer a família – água para beber, cozinhar, lavar roupa, tomar banho, limpar a casa – só buscando em um pocinho, a duas quadras de casa, morro abaixo na ida, vasilhas vazias, morro acima na volta, com as vasilhas cheias... Todos traziam um pouco: em latinhas de tinta, os menores traziam sua parte; em baldes, a mulher buscava quando o homem não estava em casa. E os dois, ao fim do dia, traziam em um tonel, em cuja alça atravessavam um pedaço de pau, para dividirem o peso. Assim foi durante muitos anos, período no qual todos aprenderam a valorizar cada gota de água que tinham em casa. Para lavar roupas, a casa e as calçadas, o homem conseguiu um enorme reservatório, onde, através de calhas, juntava água da chuva vinda do telhado. Até o município conseguir, junto à empresa fornecedora de água e esgoto, a extensão da rede àquele bairro, longos anos de sacrifício se passaram...

Era de se admirar a alegria da família quando a água foi instalada: pia na cozinha e no banheiro, chuveiro elétrico, vaso sanitário, bidê (o banheiro foi reformado), água no tanque e, também, para lavar as calçadas. A vida melhorou muito.

Logo após se mudarem, o homem começou a preparar uma parte do terreno para plantar: milho, repolho, couve, alface, cenoura, tomate, limão, laranja, abacate, moranguinho, framboesa, funcho e outros vegetais. A colheita era farta, a cada ano, trazendo alimentos e saúde para todos.

—Podemos criar coelhos?

E os gigantes-brancos, com os olhos vermelhos, vieram fazer companhia ao Tupi e às crianças. Estas, maravilhadas, ficavam tempo incontável observando os bichinhos comerem, velozmente, tudo o que dessem. Mais impressionados ainda, quando nasceram filhotinhos...

Para ter ovos frescos, a mãe decidiu comprar umas galinhas e um galo, todos de penas entre o marrom e o laranja, grandes, que, além de produzirem os ovos, resultavam em excelentes refeições assadas, em molhos, em canjas e em outros pratos deliciosos. As crianças amavam os pintinhos...mas brigavam pela coxa quando estava na panela.

Não demorou muito, as crianças descobriram a vizinhança: a família de alemães de um lado, onde uma senhora separada criava sua família, trabalhando o dia inteiro e distribuindo tarefas a todos.

No outro lado do terreno, um casal de alemães idosos.

Aos fundos, em cuja divisa os terrenos se encontravam, uma família de brasileiros, dois idosos e duas moças; na casa em frente, uma família muito pobre, cujo pai era pedreiro, e onde havia uma penca de crianças; na esquina, do outro lado da rua, uma família com três crianças, cujas idades combinavam com os três mais velhos.

A amizade da criançada levou à amizade das famílias, uma ajudando a outra. Quando as crianças não brincavam nos pátios, brincavam na rua, andando de bicicleta, carrinho de rolimã, jogos de bola, e assim por diante.

Mas nem tudo eram flores, apesar do jardim com rosas, violetas, margaridas, cravos, bocas-de-leão e muito perfume.

Ao regularizar a documentação da casa, em que a prefeitura mandou seus funcionários fazerem a medição, descobriu-se que os vizinhos dos fundos tinham avançado um metro em toda a extensão do terreno. O homem foi conversar com o vizinho, que negou, disse que não mudaria a cerca. Por diversas vezes tentou acordo, que resultou infrutífero. Para não brigar com o vizinho, deixou assim.

Bem na linha de divisa entre o terreno da família e a vizinha alemã separada, tinha um poço de água. Na escritura constava que o poço pertencia à família; mas a vizinha não aceitou que, ao passar a cerca para definir seus limites, o homem deixasse o poço para seu lado. Como não era possível passar a cerca no meio do poço, ao final concordaram em fazer a cerca contornando-o, de modo que o poço ficava do lado da vizinha, mas teria um portão e ambas as famílias se serviriam do mesmo. Tudo pela paz...

E o tempo ia passando; às vezes devagar, às vezes rapidamente, conforme a percepção de cada um.

No verão, a sombra das parreiras amenizava o calor, fechando-se em caramanchão entre a cozinha e o galpão. As uvas, em cachos que pesavam mais de quilo, adoçavam a vida daquelas pessoas.

Mas um dia veio um temporal... ventos fortes sibilavam, chuva que batia com força e açoitava a casa... ouviu-se uma janela escancarar, no quarto do casal, e molhar tudo dentro. O homem, cercado pela mulher e os filhos, tentava fechar a janela, segurando-a com todas as forças. O vento zunia, raios e relâmpagos riscavam o céu, o ribombo dos trovões ouvia-se sequencialmente, caíam pedras de granizo...todos ajudavam o homem a segurar a janela, pois se o vento conseguisse entrar, poderia levantar o telhado e haveria uma tragédia... até que a tempestade amainou, virou uma chuva fraca; conseguiram trancar a janela e respirar, aliviados.

A menina nunca esqueceu seu primeiro temporal!

E teve o dia em que nevou...

Os mais velhos estavam em torno dos 10 ou 11 anos. Foi em agosto de 1965. O frio era intenso, o inverno foi rigoroso. Não só as chuvas foram vigorosas, como o frio estendeu-se por mais tempo, fazendo com que o fogo no fogão à lenha ficasse aceso o dia inteiro, os tições sendo apagados somente na hora de dormir. Não tinha o que aquecesse o casal e as crianças.

Já era época de começar a esquentar, mas a chuva fina e fria permanecia, movimentada incessantemente pelo vento Minuano, que fazia o frio penetrar até os ossos. A sensação térmica era de alguns graus abaixo de zero.

Até que no dia 20, ao levantar de manhã, o homem gritou para a mulher:

—Venha ver! Que maravilha! Que espetáculo! Nunca tinha visto antes!

Com tantas exclamações, as crianças correram, saindo do quentinho da cama, lugar para onde os pais mandaram voltar rapidamente. A paisagem desfilava deslumbrante, aos olhos de quem tinha a cidade a seus pés. Onde havia vegetação, estava tudo branquinho, lembrando as paisagens europeias. O telhado das casas, a copa das árvores, tocos e troncos caídos no chão, tudo brilhava aos olhos de quem nunca tinha visto a neve.

O pai foi trabalhar, e o filho mais velho foi enviado à escola para saber se haveria aulas. Entretanto, o rádio anunciava que os pais não deixassem as crianças sair de casa pois o frio era muito forte e poderia causar algum problema de saúde. As crianças não desgrudavam da janela da frente, admirando a paisagem, enchendo os olhos de uma visão que não mais teriam.

Algumas crianças da vizinhança desobedeceram e saíram, mesmo passando muito frio; fizeram bonecos de neve, atiraram bolas uns nos outros, a festa foi grande. A mulher ficou braba pois os garotos das outras casas vinham pisotear na frente da sua, "sujar" a sua neve de barro... Aquele foi um dia inesquecível para aquela família e para todas as pessoas da cidade.

E o tempo, senhor de tudo, passava devagar para as crianças, que queriam logo ficar grandes e independentes.

Para usufruírem das delícias feitas pela mulher, o homem construiu, entre o poço e o galpão, um forno de barro. Dele saíram, durante muitos anos, enormes e macios pães caseiros, cucas, bolos, tortas, carne assada, entre outras maravilhas da culinária gaúcha. Com tanta criança em casa, o forno era aceso duas vezes por semana, quando uma dúzia de pães fofos eram produzidos, sendo que o filho mais velho, mal os pães saíam do forno, já comia meio pão quentinho...esses adolescentes...

E vinham as férias, as festas de aniversário, de natal e ano novo, páscoa, entrava ano, saía ano, e a família, adaptada ao local, ia vivendo sua vida.

Um dia, a cadelinha dos vizinhos teve vários cachorrinhos. Ela era de pequeno porte. Um dos filhotinhos, pretinho, tinha um problema nos olhos. Para distingui-lo dos sãos, cortaram o rabinho. Depois se arrependeram, e queriam doar.

—Mãe, podemos ter mais um cachorrinho? Ele é tão bonitinho...

E Toquinho foi fazer parte da família. Nunca ficou amarrado, como o Tupi. Andava solto pelo pátio, participava das brincadeiras das crianças, saltitando com eles, deitava, fazendo carinhas inteligentes. Como a mulher não gostava de animais dentro de casa, Toquinho ficava parado em frente à porta da cozinha, olhando para dentro, com a cabecinha meio virada. Ele era muito obediente e lindinho.

Um dia, Toquinho sumiu. E nunca mais se ouviu falar dele. Todos ficaram tristes, sentiram sua falta, o pequeno chorou... foi levado por alguém que nunca souberam quem era.

Todos os finais de ano, o homem pintava a casa. De verde-claro.

E não podemos esquecer que, depois que a senhora alemã mudou-se com seus filhos, a casa foi alugada para um senhor brasileiro, com sua esposa e seus seis filhos. Ele dizia-se eletrotécnico, vivia convidando o homem para conversar, ao lado da cerca. Falava maravilhosamente bem da China comunista, da União soviética, de Cuba, dos movimentos de base e do grupo dos onze, para o qual insistia em convidá-lo. O homem não era chegado em política, tinha arrepios por aqueles assuntos, e fechava-se no pátio para evitar as conversas.

Durante anos o vizinho fez tentativas de levá-lo para o movimento, mas não conseguiu lograr êxito. Anos depois de esses vizinhos terem se mudado, ouviu-se a notícia de que ele tinha morrido em um movimento de guerrilha, não se sabe onde.

O tempo foi passando despercebidamente. Dez anos depois, o homem comprou um terreno na baixada, mais perto do centro, para facilitar a vida da família, pois os filhos trabalhavam durante o dia e estudavam à noite. O filho mais velho fazia o Curso Técnico em Mecânica e a filha o Curso Técnico em Contabilidade; os pequenos ainda estavam na escola regular. Nessa época o governo federal dizia que o Brasil precisava de técnicos. Hoje, continua precisando.

Fez um financiamento habitacional, construiu uma bela casa de alvenaria, com todo o conforto, vendeu a velha casa verde de madeira, e deixou o morro para trás.

Mas, como era de seu gosto, pintou a nova casa também de verde claro. Achava que ficava bem em uma casa: simples e discreta.

Todos, hoje, têm ótimas recordações daquela casa, daquele bairro, daquele lugar, daquele período. Lá ocorreram os primeiros namoros dos filhos, coisas boas e coisas ruins, como em toda família. Foram dez anos morando naquele local, na Penha.

O homem já morreu. A mulher, com mal de Alzheimer, só fala que quer ir para a sua casa. Quer voltar para a casa verde. De madeira. Em cima do morro.

A horta de Dona Maria

Morgana era uma menina tenaz, com olhar vivo e curioso, muito observadora. Não sabia caminhar, só corria. Vivia tropeçando nos pés e caindo vários tombos por dia, dos quais se levantava, assoprava os machucados, e voltava a correr.

Amava subir em árvores; em sua época de infância, usavam mesmo a palavra trepar em árvores, expressão que nunca imaginava poder haver qualquer tipo de malícia, em seus seis anos de idade. Sequer sabia que existia a malícia.

Morava a duas casas da de Dona Maria, sua avó.

A casa em que morava era alugada, tinha quatro cômodos, sendo dois quartos, uma salinha minúscula e uma cozinha menor ainda. Não tinha banheiro, tendo que usar a casinha nos fundos do pátio, durante o dia, e o urinol à noite. Isto nos idos dos anos 1960, quando a maioria das casas no Brasil ainda não possuía instalações sanitárias nem esgoto. O banho era na bacia, ou, quando possível, tomavam banho na casa da avó, que tinha chuveiro elétrico e água encanada: um luxo só.

Morgana nascera no dia do aniversário do avô, o que era motivo de orgulho para ambos.

Era a neta mais velha, e adorava a companhia da avó, que, além de excelente cozinheira, gostava mesmo era de limpar o pátio, plantar árvores, flores e cultivar a horta.

A menina, quando podia, acompanhava a avó nas suas tarefas, sempre ao seu lado, indagando disto, indagando daquilo, tentando ajudar a avó, mas mais atrapalhando do que ajudando. A avó gostava da companhia da neta e ia ensinando... em tal época se planta isto, noutra época se planta aquilo... a menina dizia – ahã! - e nunca mais se lembrava do que a avó falava.

Uma tarde daquelas, estavam as duas numa prosa animada; o avô havia saído, os tios também, estavam só as duas no trelelê da conversa. Dona Maria, com a enxada em punho, ia cavocando, fazendo buracos e plantando, não se sabe o quê. Morgana subira na macieira, em busca da maçãzinha vermelha que a tentava desde que olhara para o pé. Quando chegou lá em cima, estendeu a mão para pegar a fruta, a avó deu um pulo e um grito:

—Meu Deus! Socorro!

E saiu correndo...

A menina, no galho da árvore, ficou paralisada, olhando para a cobra que a avó havia descoberto, sem querer, numa enxadada. Estava escondida embaixo da terra... anos depois ficou sabendo que poderia ser uma cobra coral.

Sozinha com a cobra, não sabia o que fazer. Queria descer e sair correndo, mas ficou com medo da cobra pular nela. Estava cansando de ficar ali, queria ir embora, queria a mãe, nem chegou a pegar a maçã.

Não sabe quanto tempo ficou ali, parada, olhando para a cobra, que ia se desenrolando e levantando a cabeça... para ela, foi um tempo enorme.

Lá pelas tantas, como não encontrasse ninguém que as socorresse, a avó voltou, criou coragem, e com a própria enxada bateu na cabeça da cobra, que ainda corcoveou bastante.

Quando dona Maria teve certeza de que a cobra estava morta, pegou a neta no colo e levou-a para casa.

A menina agarrou-se no pescoço da mãe e começou a chorar por causa do susto.

Demorou um tempo grande até que ela tivesse coragem de ir à horta da avó novamente.

A mulher que amava o vento e a tempestade

Eram os anos mil e novecentos...

A morena-clara, cabelos pretos e longos, crespos miudinhos, alta, magrinha, vestia um longo vestido encarnado, com golinha redondinha rendada, branca, afogada no pescoço; vestido este que lhe cobria os tornozelos, como era a moda e eram os costumes.

De família tradicional em São Borja, ali, quase na Argentina, vivia com suas irmãs e irmãos, mais os pais, em uma fazenda, no extremo oeste gaúcho. Prendada, como não poderia deixar de ser, o crochê e os bordados, além das demais atividades do lar, preenchiam seu tempo. Mas não preenchiam seu coração.

Meiga, educada, delicada, pele muito branca, que destacava-se rodeada pelos longos cabelos pretos, chamava a atenção dos rapazes pelo lindo nariz arrebitado, embelezando suas feições de ninfa gaúcha – já que o que se podia ver era o rosto, as longas e delicadas mãos, e um sorriso esperto.

Não era de muita conversa.

Fazia pouco tempo completara os 15 anos. Seus pais já se preocupavam com o casamento.

Muitos moços da cidade, e também de fazendas próximas, rendiam-lhe homenagens, bem como às suas irmãs; mas ela, tímida, não sabia o que dizer.

Frequentavam a igreja evangélica Metodista, trazida pelos americanos há pouco tempo. Fervorosa, ia aos cultos aos domingos, com a família, todos empoleirados na carroça puxada por dois cavalos fortes e bem cuidados, o Romão e o Esperto.

A família trabalhava, obviamente, com agricultura e criação de gado. Como a fazenda não era muito grande, além deles próprios, poucos agregados completavam o serviço. E toda sexta-feira iam à cidade levar seus produtos para vender: carne de gado ou de porco, galinhas, milho, mandioca, arroz, feijão, algodão, frutas, destacando-se a melancia e o melão, verduras, legumes, além dos lindos guardanapos e toalhas de crochê que as mulheres produziam, e que faziam as senhoras da alta sociedade ficarem alvoroçadas. Vendiam tudo, e desse trabalho saía a subsistência da família.

Numa dessas sextas-feiras, ela viu um moço, já maduro, moreno, cabelos lisos, olhar marcante, que dela não tirava esse olhar. Ele não era muito alto, ao contrário; era atarracado, reforçado pelas lidas campeiras. Encabulada, olhava para ele com um olhar fugaz, baixando os olhos quando eles se encontravam com os do rapaz.

Janguta era o apelido dele. Alegria era o nome dela.

Umas três ou quatro semanas, sempre na sexta-feira, viam-se os dois, cada um vendendo seus produtos coloniais. Até que Janguta teve coragem, e foi falar com o pai da linda menina, pedir autorização para namorar.

O pai ficou de dar a resposta; ia pensar. Que voltasse dali uns quinze dias.

Janguta se apaixonara pelo narizinho arrebitado, e por tudo o mais que estava por trás do nariz...sonhava com a menina todos os dias. Nem conseguia trabalhar direito.

Alegria andava estranha, distraída, sonhando acordada.

O pai autorizou o namoro, na casa deles, com todo o respeito e sempre acompanhados do tradicional chá de pera.

Ela descobriu que ele era 10 anos mais velho que ela; achou que era uma diferença muito grande. Mas foram conversando, conhecendo-se, de vez em quando ele lhe roubava um beijinho, dava-lhe um abraço, quando a pessoa encarregada do acompanhamento precisava sair da sala por alguns minutos.

Depois de um ano marcaram o casamento.

A festa foi linda. Alegria recém completara 16 anos; ele, 26.

Após o casamento foram residir em uma fazenda do irmão dela, que arrendaram. E tudo mudou para Alegria.

De uma grande casa, com muitas pessoas convivendo diariamente, dividindo o quarto com as irmãs, todas as mulheres da casa fazendo almoços, jantares, pão, cuca, bolo, bordados, crochês, dividindo tarefas, Alegria agora se encontrava só, com o marido. Ele era um homem um tanto rude, turrão, como soem ser os homens que lidavam com a terra, naquele tempo. Sozinhos no meio do mato, ainda pelas bandas entre Brasil e Argentina, em poucos meses ela estava grávida.

Afeita ao trabalho dividido, estranhava muito, pois todo o serviço da casa ela que fazia, e ainda ajudava Janguta na plantação e colheita.

Chegado o prazo, nasceu a filha mais velha; esta a ajudaria a criar os outros doze irmãos, que viriam com o tempo e seria seu braço direito.

Hora do parto, a agregada que vivia no fundão da fazenda, e tinha seu cantinho para plantar, veio dar uma assistência à patroinha; uma mulatona forte, parteira de primeira, que a ajudou a cada dois anos nesse mister.

Por aqueles tempos, enquanto a mulher estivesse amamentando, não engravidava. Assim, geralmente por dois anos os filhos mamavam, e a mulher descansava das gestações.

Janguta, com o passar do tempo, além de agricultor, transformou-se em carreteiro. Cultivava seus produtos, com a mulher, e saía a vender nas cidades vizinhas. E foi acontecendo com cada vez mais frequência, de, quando ia vender seus produtos, esquecer-se de voltar para casa. Ficava em torno de um ano fora; Alegria não tinha notícias dele. Desesperava-se, pois precisava de toda espécie de mantimentos, roupas, calçados, remédios, os filhos ficavam doentes; já tinham nascido a segunda filha e o terceiro.

Alegria plantava, colhia, cozinhava, fazia fornadas de pão, biscoitos, bolos; fazia doces e salgados em conserva; doces para passar no pão, como geleias e schmier; docinhos de leite, figada, pessegada, marmelada. Cuidava dos filhos, lavava, passava, fazia crochê, costurava as roupas da família... e foi ficando cada vez mais calada.

Uma tarde, enquanto os filhos tiravam a sesta, Alegria, recostada com o mais novo ao peito, ouviu um agito estranho no alpendre. Os galos cocoricavam estranhamente, os cachorros latiam, as vacas mugiam, os gatos miavam...largou o bebê com a mais velha e foi ver. Do telhado do alpendre, sacudindo os guizos e preparando o bote, estava uma cobra cascavel. Aflita, pegou um galho de árvore e uma enxada; com o galho, derrubou a bicha, que estava muito agitada; antes que lhe pulasse, com uma enxadada cortou sua cabeça fora, e bateu nela até ficar esmagada.

Soluçando, mas mais tranquila por ter resolvido o enigma, entrou em casa e desabou. Para acalmá-la, a mais velha trouxe um chazinho de erva-cidreira; aos poucos, a tremedeira passou. Pegou o bebê e voltou para seu recanto, amamentá-lo.

Janguta voltava para casa, trabalhava um pouco, fazia mais um filho, e saía a carretear.

O quarto filho nasceu e morreu depois de poucos dias.

Alegria desestruturou-se. Não via mais o sol como algo bonito, os lindos dias ensolarados, o cheiro das frutas, o cachorro Cuidado, as flores que plantara... Alegria emudeceu.

A agregada e parteira velha ajudou-a no que pôde; chamou a família, que ficou uns meses com ela, cuidando das crianças, até Janguta voltar.

Ele ficou algum tempo em casa; assumiu as tarefas diárias; brincava um pouco com os filhos, mas já começavam a coçar os bigodes para sair, carretear.

Alegria voltou a falar, paulatinamente. Mas gostava, mesmo, quando o tempo fechava, as nuvens ficavam pretas e baixas, e o vento zunia em seus cabelos, balançava as árvores, carregava o que estivesse no chão e alegrava seu espírito.

Engravidou do quinto filho. Depois do sexto, do sétimo, da oitava...até perder mais um bebê.

Naquele local solitário, uma forte gripe derrubara seu bebê; médicos não existiam; era na base do chá, da afumentação com ervas medicinais, da reza, da benzedura (proibida por sua religião), da oração. Mas o bebê se foi.

Alegria desesperou-se. Arrancou suas roupas, e saiu, gritando, alucinada, mato a dentro. Chorava, soluçava, puxava os cabelos. Chovia. Alegria escondeu-se em um canto, no meio do mato. Não pensava. Não falava. Janguta não estava, novamente. No nono filho, auxiliada pelos filhos mais velhos, que cuidavam dos mais novos, e pela agregada velha, emudeceu novamente.

Em vão Janguta, encontrado pela família dela na cidade vizinha, tentava fazê-la alimentar-se. Tentava fazer com que falasse, cuidasse dos filhos, da casa, das tarefas diárias, de si. Alegria ausentara-se, não estava ali. Quieta, deitada, com os olhos fechados, encolhida, passava seus dias nebulosos.

Seis meses ficou sem falar a menina, transformada em uma valente e frágil mulher, depois de nove filhos.

As únicas coisas que iluminavam seus olhos, eram os dias de ventania e temporal. Criava forças, caminhava até a janela e a abria, para sentir o vento enrolando seus cabelos, e a chuva molhando seu rosto. Aos poucos, Alegria voltou. E engravidou do décimo filho... e, de dois em dois anos, chegou até o décimo quinto.

Treze filhos criou Alegria.

Seis mulheres e sete homens.

O tempo passara. Este Senhor que nada contesta, nada fala, só passa, sem olhar.

Os cabelos, sempre longos e muito bem penteados, prateavam; passou a usá-los em coque baixo, na nuca.

Sua pele enrugava-se; seus olhos transportavam melancolia; era um olhar de distâncias, de tempos, de matos, de tempestades e ventos, redemoinhos. Um olhar de varal em movimento, loucas roupas a rodopiar, sentimentos misturados, alegrias, tristezas, angústias, medo, desespero, náuseas, ausências, descompromisso, saudade, vazio, desesperança...

Mas, também, um olhar de alento, de vida enxergada nos filhos, homens e mulheres fortes, criados na lida, no mato, subindo nas árvores, fazendo traquinagens, tomando banho em riachos, atirando bosta de cavalo no irmão, quando o cavalo derrubava o esterco em cima do feijão que debulhavam na eira; ou quando iam buscar água no riacho, lá embaixo do morro, em que o mais velho dos guris rolava o tonel vazio, e gargalhava, depois subiam ele e o segundo menino, carregando e derramando água por todo o trecho; ou quando, mandados pelo pai, iam juntar coquinhos, e o mais velho mandava o menor ficar embaixo do coqueiro, e atirava coquinhos nele, que corria e chamava o pai, que já mandava o mais velho preparar o lombo... ou quando, já adolescentes, os guris resolveram dar um susto na irmã mais velha, com um lençol branco, à noite, fingindo-se de fantasma e ela, assustada, jogou sobre eles a bacia com a água suja da louça lavada...

Alegria meditava.

Olhava para o céu. Prenúncios de tempestades.

Sentia-se tranquila e feliz.

O céu abriu-se; trovoadas, relâmpagos, raios, vento sibilante nos ouvidos e cabelos, agora soltos.

Abriu seus braços, sentiu o vigor do vento em seu corpo, a água gelada da chuva batendo em seu rosto.

Alegria amava a tempestade e o vento.

E elas ficaram presas no cemitério...

"...o que mais amo neste cemitério é precisamente este abandono, esta solidão. As pontes com o outro mundo foram cortadas e aqui a morte se isolou total. Absoluta. (...)

Um baque metálico decepou-lhe a palavra pelo meio. Olhou em redor. A peça estava deserta. Voltou a olhar para a escada. No topo, Ricardo a observava por detrás da portinhola fechada. Tinha seu sorriso meio inocente, meio malicioso. (...) Ele esperou que ela chegasse quase a tocar o trinco da portinhola de ferro. Então deu uma volta à chave, arrancou-a da fechadura e saltou para trás. (...)

—Uma réstia de sol vai entrar pela frincha da porta, tem uma frincha na porta. Depois, vai se afastando devagarinho, bem devagarinho. Você terá o pôr-do-sol mais belo do mundo. (...)

E, de repente, o grito medonho, inumano:

—NÃO!

Durante algum tempo ele ainda ouviu os gritos que se multiplicaram, semelhantes aos de um animal sendo estraçalhado. Depois, os uivos foram ficando mais remotos, abafados como se viessem das profundezas da terra. Assim que atingiu o portão do cemitério, lançou ao poente um olhar mortiço. Ficou atento. Nenhum ouvido humano escutaria agora qualquer chamado. Acendeu um cigarro e foi descendo a ladeira. Crianças ao longe brincavam de roda."

TELLES, Lygia Fagundes. Mistérios.- RJ: Nova Fronteira, 1981. Conto: Venha ver o pôr-do-sol, p.201

As primas havia muito não se encontravam por causa da pandemia.

Com uma diferença de idade de sete anos, cresceram longe uma da outra. Moravam em cidades diferentes.

Agora, na fase quase e pós-sessenta, reencontraram-se.

Algumas afinidades surgiram.

Uma foi visitar a outra, foram jantar num restaurante conhecido e, após, tomaram uma garrafa de vinho branco; ficaram conversando até tarde, fazendo o que chamaram de terapia familiar, trocando impressões a respeito de alguns eventos em suas vidas.

De acontecimentos políticos a posições ideológicas, criação dos filhos, traumas da infância – quem não os tem? – estudos, profissão, viagens e aposentadoria... tudo era assunto. Muita risada e um pouco de vinho deixou-as leves.

No outro dia resolveram ir levar flores e pronunciar preces à tia recém-falecida, mãe da mais velha.

Chegaram ao cemitério municipal pelas dezessete horas.

O dia estivera cinzento, emburrado, e não decidia se chovia ou não. As nuvens meditavam.

O cemitério estava lotado, já não havia mais lugar para nenhum falecido, e as autoridades municipais já haviam inaugurado outro cemitério.

Rapidamente localizaram o túmulo em que se encontravam os queridos familiares.

Colocaram as flores, fizeram suas orações e dirigiram-se para a sepultura de outra tia e de uns primos, que era perto.

Já iam encaminhando-se para a saída, quando lembraram que poderiam encontrar o túmulo dos avós. Fica lá no centro da necrópole, perto daquele coqueiro.

Começara uma garoa bem fininha, e o céu escurecera mais um pouco.

Caminharam por entre os jazigos, em calçadas estreitíssimas e de difícil acesso.

Chegaram ao coqueiro. A mais velha sempre teve dificuldades de localizar a tumba dos avós, era um emaranhado de túmulos, um labirinto... Caminharam para todas as direções a partir do coqueiro. Não localizaram.

Como a chuva estava ficando mais intensa e escurecendo, resolveram falar com o funcionário que tinha tudo anotado.

Foram em direção ao posto em que ele deveria estar.

Com as sombrinhas abertas, avistaram, ao longe, um vulto.

—É ele - disse a mais velha.

Não era.

Na semi-obscuridade momentânea, confundiram uma imagem de um anjo de sepultura com a pessoa que deveria estar por perto. O escultor fizera um ótimo trabalho...

Desceram mais um pouco. O posto estava fechado. Dezessete horas e trinta minutos, conferiram no relógio.

Com dificuldade, desceram até o portão por onde haviam entrado.

Corações acelerados, ansiosas, verificaram que o portão norte estava fechado, chaveado. Com corrente e cadeado!

Havia quatro portões.

O que ficava em frente a este, lá longe, ao sul, também estava fechado.

A mais nova estava em estado de pânico.

—E agora, que fazemos? Estamos presas no cemitério! Vou perder meu ônibus...

Ambas cardíacas, com hipertensão e assustadas...

Aterrorizadas, foram ver os outros dois portões. Fechados.

A mais velha lembrou de um conto de Lygia Fagundes Telles, em que uma moça foi presa no cemitério pelo ex-namorado... mas era outra história.

O desespero foi chegando... junto com ele, o medo!

A mais nova puxou um medicamento e ofereceu à outra, que recusou.

—Calma, vamos sair dessa.

Ligaram para um primo comum que conhecia muita gente, quem sabe conhecia o secretário municipal responsável pelo cemitério?

Este ligou para o irmão jornalista, que conhecia todo mundo ainda mais, para tentar ajudar as primas. Não sem antes rir muito da situação inusitada e sugerir a elas que pulassem o muro. Sim, duas senhoras idosas, não exatamente magrinhas, probleminhas nos joelhos, pulando o muro do cemitério...

Enquanto aguardavam o contato dos primos, ouviram um barulho, sentiram um ventinho gelado e ouviram um risinho zombeteiro:

—Então, que arte andaram aprontando? Estão de castigo aqui conosco?

Com as faces pálidas de susto e os olhos esbugalhados, viram o ectoplasma do irmão mais novo da mais velha, que olhava para elas, divertido, brincando, como sempre fazia enquanto vivera.

—Vieram nos visitar mas não queriam nos ver?

Ambas tremiam, assombradas, com algo tão inesperado e que nunca imaginaram acontecer com elas. Permaneceram estáticas, mudas, coração saltando pela boca, com medo.

O espectro, ainda brincando, chamou os pais, o cunhado (marido da mais velha), as tias, os primos, os avós...

Todos foram chegando devagarinho; elas permaneciam imóveis e lívidas...

O marido da mais velha brincou com ela:

—Saudades de mim? Veio me ver? Mas vieram muito tarde, é perigoso algum malandro estar por aí e querer fazer alguma maldade com vocês.

Os pais, as tias e os primos riam, divertidos:

—Vamos fazer uma festa com a presença delas aqui. É que elas não sabem das festas que fazemos depois que fecham os portões da nossa casa...

Os avós ficaram felizes com a visita, e queriam abraçá-las... foram se aproximando...

Tocou o celular e a mais nova atendeu:

—Oi, primo. Quando? Em vinte minutos? Então está bem. Aguardamos no portão norte. Muito, mas muito obrigada!

Com o toque do telefone e a volta à realidade, dissiparam-se as visões.

O lusco-fusco tomara conta do ambiente, e as primeiras luzes começaram a ser acendidas.

No tempo marcado, o funcionário veio, abriu o portão e desculpou-se. Saíra quarenta minutos mais cedo pois não vira ninguém no local e estava começando a chover.

Aliviadas, saíram apressadamente. Ao cruzarem o portão norte, deram uma olhadinha para trás a tempo de ver seus queridos abanando e mandando beijinhos...

—Voltem sempre, outra vez com mais tempo!

Força que se irradia

"Tem certos dias em que eu penso em minha gente
E sinto assim todo o meu peito se apertar
Porque parece que acontece de repente
Como um desejo de eu viver sem me notar (...)
E aí me dá uma tristeza no meu peito
Feito um despeito de eu não ter como lutar
E eu que não creio, peço a Deus por minha gente
É gente humilde, que vontade de chorar."

(CHICO BUARQUE, VINÍCIUS DE MORAES E ANÍBAL SARDINHA).

—Se tu quiseres saber como é minha rotina, vem passar uns dias aqui na minha casa, comigo, com meus filhos e meu marido. Só que aqui a gente tem a mania de levantar cedo, sabe como é, quem trabalha na roça tem que levantar com os galos e deitar com as galinhas, senão não aguenta.

Então fui passar uns dias na casa desta senhora, uma descendente de italianos, vivendo no lugar que, segundo consta, foi o berço da primeira colonização italiana no Rio Grande do Sul: Silveira Martins, hoje município, que já foi distrito de Santa Maria da Boca do Monte.

Cheguei ao local de tardezinha, estava já o dia trocando de lugar com a noite, para continuar o rodízio infindo da vida. Ao estacionar o carro em frente à porteira para entrar, a cachorrada começou a latir, mas de rabo abanando, faceiros. Logo veio a senhora, abraçou-me efusivamente, falando alta e animadamente, como é o costume dos gringos. Seu nome é Leonice. Tem três filhos - Giuseppe, Antônio e Catarina. O marido, seu Florêncio, é um gringo alto, meio gordo mas sem barriga; têm, todos, as mãos e os pés grandes - mãos e pés de quem trabalha no pesado.

Entrei na casa - modesta, é bem verdade - mas extremamente limpa, arejada, e com um cheirinho que eu nunca tinha sentido: um cheirinho de casa e seus pertences limpos com sabão feito em casa e roupa lavada no córrego.

A mesa já estava posta: arroz branco, carne de porco assada (com temperos cuidadosamente preparados e colhidos da própria horta, nos quais a carne esteve de molho durante um bom tempo), verdura, polenta. Depois, café com leite, pão, salame, queijo e geleia caseira, mel e manteiga, a escolher. E vinho, que não podia faltar: vinho feito em casa, rústico, com o cheirinho e o gosto da uva.

Fizemos uma refeição alegre, entremeada de contos e anedotas divertidas. A menina, no colo da mãe, logo entregou-se ao sono, vencida pelo cansaço da árdua tarefa que é brincar num lugar saudável (um dos poucos ainda existentes neste país).

Permanecemos conversando em roda do fogão à lenha um bom tempo, enquanto D. Leonice lavava a louça, que eu secava. Disse que jamais a deixaria para lavar de manhã, pois seria um serviço a mais no dia: basta a um dia suas próprias tarefas.

Aos poucos as crianças foram sendo derrubadas pelo sono, e cada um acomodou-se em seu canto. Logo depois recolhi-me, pois não queria perturbar os costumes daquele lar, com meu hábito de ficar acordada até tarde, coruja da cidade.

Seu Florêncio também recolheu-se e, por último, D. Leonice, que só sossegou depois de ter verificado portas e janelas, ter coberto e beijado seus filhos e ter rezado suas preces. Eram nove e meia da noite. Embora não tivesse aquele sono, cedi, deliciada, ao conforto e maciez daquelas cobertas. O cansaço da viagem deve ter-me amortecido, pois só percebi que dormira quando os galos começaram a cantar e ouvi os primeiros movimentos no assoalho de madeira. Mesmo que tentassem falar baixo (e não conseguiam) para não me acordar, os ruídos que faziam não me permitiriam jamais que continuasse no quentinho da cama. Peguei meu relógio e conferi: cinco horas da manhã.

—Bom dia.

—Bom dia, moça. Como é mesmo seu nome? Ah, é Eurídice; eu já tinha esquecido, é mesmo comprido. Conseguiu dormir?

—Dormi maravilhosamente. O ar daqui é estupendo. Nem vi pegar no sono.

—Mas não precisava levantar tão cedo. A gente sabe que na cidade o pessoal deita tarde e levanta mais tarde que nós. Não quer dormir mais um pouquinho?

—Não, dormi o suficiente. Quero acompanhá-la nas suas atividades. Preciso fazer este levantamento de como é o dia de uma mulher da roça, para o artigo feminino da revista onde trabalho.

—Só que a moça tinha que ter levantado antes, então; é que o leite eu já tirei, já fiz o fogo e o café e fritei a polenta. Senão, como é que a gente ia tomar café?

—Nossa, mas a senhora se mexe mesmo, hein?

—Pois é; gente como nós tem que fazer assim, senão o dia vence a gente. As horas passam muito depressa. Mas vamos fazer o seguinte: enquanto tu tomas café, eu vou botando o feijão cozinhar, as batatas para o purê, dou comida para os bichos e ...

—Péra aí, desse jeito eu não lhe acompanho. Eu vou comendo meu pão, levo uma caneca de café com leite e faço companhia à senhora, tá certo?

—Tá bom.

E assim fizemos.

Depois do que ela tinha dito, fomos para a lavoura. Ela deixou o almoço encaminhado; as camas estendidas e a vassoura passada na casa, tarefas as quais eu ajudei, senão seria demais, né? De passagem, deixou as roupas ensaboadas e quarando no gramado ao lado do açude. Eram sete horas da manhã.

Caminhamos ao longo de uma estradinha tortuosa que passava no meio de um matinho, depois a nascente do açude, a plantação de milho e abóbora, e, enfim, as batatas. Ela, com os filhos, ia ajudar o marido a limpar o mato no meio da plantação. Com suas enxadas, todos atiraram-se ao trabalho, aproveitando o ar fresquinho da manhã, e antes que o sol esquentasse demais. Seu Florêncio já estava lá desde as seis horas. Ela ia mais tarde, com as crianças, por causa da casa.

Eu fiquei meio perdida. Nunca peguei numa enxada na minha vida, creio que não suportaria nem tentar. Passeei pelos arredores, não muito longe, pois tenho medo de bichos estranhos. Observei a vegetação abundantemente verde, de um verde vivo e gritante; admirei as orquídeas nas árvores, inquilinas desobrigadas de pagar aluguel; as pitangas, as amoras que experimentei com alegria e voracidade.

Às dez horas todos pararam e foram fazer um lanche à sombra de uma árvore. Seus rostos estavam vermelhos, do suor, do esforço e do sol. Seus chapéus de palha estavam cobertos de poeira que levantava da terra; ao tirá-los, observava-se a diferença, no rosto, entre a parte coberta e a não coberta.

Comeram seus sanduíches caseiros, tomaram seu chá aquecido na chaleira num foguinho improvisado, e logo retomaram seu afã.

Como já tinha percorrido um lado, fui para o outro. Flores silvestres, vegetação rasteira, uma cascatinha que ninguém adivinhava por entre pedras redondas, do meu tamanho, e barba-de-bode. Molhei meus pés na água deliciosamente gelada, enquanto observava um cardume de pequenos peixes que passeava à luz morna do sol. Fechei os olhos e senti-me livre, flutuando, solta. Sobressaltei-me, entretanto, ao ouvir passos cadenciados: era uma vaca e seu terneiro que vinham beber água. Como tenho um temor infantil de vacas – elas sempre ficavam me olhando quando ia buscar água no poço, na minha infância – encaminhei-me para os lados onde havia deixado a família trabalhando e percebi-os já longe; tinham limpado um eito. Sorri ao ter um pensamento: devia perguntar à vaca: qual seu objetivo na vida?

Ao avistar-me D. Leonice acenou; logo em seguida me alcançou, seguida dos filhos, que iam arrumar-se para ir à escola, à tarde. Ela ia completar o almoço. Seu Florêncio ficaria mais um pouco para fazer render o serviço.

Às duas horas sentamo-nos à sombra de um cinamomo para descansar um pouco. Seu Florêncio cochilava sob uma ameixeira, afundado em um pelego. Catarina dormia e D. Leonice já estava com a cozinha pronta. Após recolher os ovos, sentou-se comigo e foi debulhando feijão. Esse era seu modo de descansar – carregando pedras. Quando completou esta tarefa, foi recolher a roupa, que torcera enquanto eu, os filhos e o marido almoçávamos.

Às três horas, quando o sol já não estava tão quente, bandearam-se os dois para a lavoura, completar a tarefa do dia. Ela só retornou ao anoitecer, para fazer a janta e fiscalizar o banho das crianças, tirar leite das vacas e dar de comer aos animais.

Seu Florêncio tem o costume de, antes de encerrar a tarefa diária, atirar seu chapéu para a frente e, só depois de chegar até lá, capinando, dá por encerrado seu dia de trabalho. Retornou quando as estrelas salpicavam no céu e a lua, faceira, emitia seu brilho pálido e prateado. Já vinha banhado, pois gostava, no verão, de manter o banho de cachoeira. Foi aí que entendi a sacola que ele carregava quando saíram de tarde.

Tomou uma caipirinha, da qual participei entusiasmada – é da pura. Meu dia com aquela família estava encerrando.

Tinha que voltar para meu reduto habitual e já aprendera a amar aquelas pessoas simples, trabalhadoras, que não sabem, realmente, da força e energia que são.

Agradeci, maravilhada, o dia saudável que tivera e, principalmente, por perceber a vida, a força, o ser astronômico que é a mulher do campo.

O menino que carregava uma tristeza imensa

Noé tinha seis anos. SEIS ANOS!!!!

Filho de Janguta e Alegria, sexto filho, de uma série de treze.

Corria o ano de 1933. Época em que Getúlio Vargas percorria o Brasil com a sua Revolução de 30, tomava o poder e nele ficaria até 1945.

Noé e sua família moravam em uma fazenda no interior de São Borja. Com quatro irmãs e um irmão mais velhos, além de dois mais novos, deliciava-se com a vida no campo, as árvores, os animais, o cachorro Cuidado, que o protegia de todos os acontecimentos e o acompanhava por todo o lugar. Inclusive, lembrou, muitos, mas muitos anos mais tarde, quando seus cabelos e bigodes já estavam branquinhos, que Cuidado morrera mordido por uma cobra. A maldita vinha sorrateiramente deslizando pelo gramado, em frente à casa, e ia ferir uma das crianças. Cuidado, então, saltou sobre ela, mordeu-a, trucidando-a, mas foi, também, derrotado por seu veneno. Noé ficou mortificado, doente por alguns dias, de saudades do seu amigo querido que os protegera.

A fazenda era localizada em um lugar mais alto, com a casa construída de forma simples e aconchegante; o mobiliário era rústico, somente o necessário para acomodar a família. Muitas árvores frutíferas, muito sol e muita sombra, um gramado lindo em frente à casa, flores que a mãe plantava, um riacho correndo lá embaixo, que alegrava as brincadeiras dos dias de verão do oeste gaúcho, que sabe ser quente.

Como em todas as casas no campo, em que os moradores são agricultores, mesmo que sem o charme, o poder e o dinheiro dos grandes estancieiros, os melhores lugares da casa eram a cozinha, onde a mãe reinava com as filhas mais velhas. A varanda, nos fundos, tinha muitos bancos de troncos de madeira com pelegos por cima, onde tinham sido plantados dois pés de maracujá, um de cada lado, cujas ramas se entrelaçavam no meio, deixando o ambiente agradabilíssimo no verão, e perfumado com as flores e frutos, na época da floração e frutificação.

Era ali que a gurizada e os pais se reuniam, depois do almoço, para a sesta, ou à tardinha, após a labuta, para contar causos e chimarrear, sempre acompanhados dos bolinhos de chuva feitos pela ala feminina da casa, sob as ordens da mãe.

Quando algum vizinho por ali passava, já sentia os eflúvios que emanavam da cozinha, despertando o apetite e a salivação na hora: bolos, pães, cucas, bolinhos de chuva, calça-virada... um menino, que morava a poucas léguas dali, já chegava e ia dizendo: - bolinho, titia!- Os meninos, com ciúme, pois a mãe agradava o vizinho, não gostavam dele e diziam que tinha acabado...

E tinha o senhor Setênsio ...quando chegava para visitar os vizinhos, e eram-lhe oferecidas guloseimas recém saídas do forno, pronunciava-se: -Se tem, se eu quero!- Os meninos, maliciosamente, chamavam-no de seu Setênsio (entendiam setensieuquero).

Porém... estava chegando a hora de Noé ir para a escola, que não existia na localidade, muito longe da cidade. Duas das irmãs mais velhas já tinham ido morar com alguns tios, dadas pelo pai, contra a vontade da mãe, para poderem estudar, para aprenderem uma profissão, e por que o pai não podia sustentar!

A mãe era contra a ideia de dar os filhos. Mesmo para parentes, que eram pessoas boas, de confiança, e que fariam o melhor pelas crianças. Cada vez que o marido impunha isto a um dos filhos e à mulher, era um desespero para ela e a criança. Noé era o xodó da mãe. Muito magrinho, e alto, como ela, era o dengo da mãe.

E chegou o dia. O pai disse:

—Hoje tu vais te arrumar, junta umas roupas e calçado, te despede de tua mãe que já acertei com meu cunhado, vais morar com ele. Além de estudar, vais ajudar em casa e na firma dele, como garoto de recado. Anda, te apressa!

Noé se agarrou à mãe; ambos choravam, ela alegava que ele era muito pequeno, ainda precisava dela, que deixasse ficar em casa. O pai enfarruscou o sobrecenho, torceu os grandes bigodes, e trovejou:

—Vai te arrumar, que o cavalo já está pronto!

Triste, olhando para a mãe com uns olhos compridos, desesperados, pedindo socorro, Noé foi posto em cima da gaiota, com sua malinha, e o pai atiçou o cavalo, que saiu a trote.

Durante toda a viagem Noé não parou de chorar; e a mãe, em casa, fazia o mesmo.

Como não era muito longe, chegaram antes do almoço na casa do tio de Noé. O pai almoçou, acertou com o irmão da mãe, e bateu em retirada.

Noé, mesmo acarinhado e bem tratado pelos tios, ficou encolhido a um canto; ao menor movimento de distração da nova família, fugiu, indo em direção de sua casa.

Como, para uma criança, a distância era grande para fazer a pé, demorou a chegar; a mãe, ao vê-lo, abraçou-o, feliz; colocou os pezinhos em água morna, pois estavam machucados da caminhada; deu-lhe guloseimas, abraçou-o e beijou-o muito. Logo o pai chegou da lavoura e vendo-o, disse rispidamente:

—Pega o caminho de volta e vai!

Não teve argumentos da mãe, dos irmãos, nem o choro do menino, pois a tarde já começava a cair, e era perigoso uma criança andar sozinha por aqueles ermos.

—Pode ir, eu te mandei ficar lá, e é lá que tu vais ficar!

E foi pegando o menino e tocando-o para a estrada.

Chorando, sentindo-se infeliz e desamado, Noé enfrentou o pior anoitecer de toda a sua vida; com muito medo, com uma tristeza difícil de medir, pegou lentamente a estrada poeirenta, o sol caindo dentro do riacho, e os primeiros raios noturnos já aparecendo... empurrado pelo pai, ouvindo o pranto e exclamações da mãe, partiu...

A sorrateira

A mulher corria, esbaforida, destino ao hospital, onde fora chamada pelo irmão.

Estranhara, pois não era do feitio dele pedir-lhe socorro. Com certeza deveria ser algo muito sério. Seu coração batia acelerado, estava tensa e nervosa.

Encontrou-o em uma sala do pronto atendimento/observação. Estava com falta de ar. Diagnóstico: pneumonia em ambos os pulmões, teria que baixar hospital e tratar-se.

Conversou bastante com ele, e dizia:

—Tu estás proibido de morrer! Por favor! Te trata, te cuida, não quero te perder, e a mãe também precisa de ti! Te amo, meu irmão!

(A mãe deles tem o Mal de Alzheimer, entre outras doenças, e depende deles para viver.)

Como ele não tinha condições, e como o hospital exige que alguém se responsabilize pelo paciente, ela realizou os trâmites para a estadia do irmão.

Este foi internado, medicado, colocados os acessos para medicação e soro. Enquanto a enfermagem fazia esses procedimentos, ela foi até a casa dele buscar roupas e material de higiene; afinal, ele apenas fora consultar e não estava preparado para a internação.

Ligou para o irmão, sobre a localização de alguns objetos; ele atendeu o telefone, indicando.

Logo em seguida, ligou de novo, pois não achava alguns itens... ele não atendeu o telefone.

A mulher e o marido correram ao hospital.

Ao chegar, foi informada de que o irmão passara mal e estava na UTI.

Que susto!

Tentou falar com enfermeiras, médicos, atendentes, ninguém lhe dava nenhuma informação!

O pânico foi tomando conta.

Verificou que o horário na UTI era de meia hora, somente pela manhã, à tarde e à noite; era de tarde, e o horário já tinha passado...

A tensão foi crescendo...

Tentou entrar na UTI, precisava saber do irmão. Foi barrada pelas enfermeiras, pois não podia entrar ali naquele momento.

—Preciso saber do meu irmão, o que houve com ele?

—Ele passou mal e foi trazido para cá, assim que possível a senhora poderá vê-lo.

A angústia foi tomando conta.

Contatou o sobrinho, informando-o de que o pai estava internado e que ela precisava de ajuda. O sobrinho mora na capital, a 400km do local. Só chegaria no outro dia.

À noite, no horário indicado, finalmente conseguiu vê-lo. Estava inconsciente e entubado. O susto foi grande.

No outro dia, buscou o sobrinho na rodoviária e ambos foram ver o irmão.

Enfim, conseguiram falar com o médico.

—Seu irmão teve uma parada cardíaca. Ficamos uma hora e meia fazendo massagem e choque para fazê-lo voltar. Foi um trabalho insano.

E o médico continuou a explicar, em termos técnicos, o que tinha ocorrido.

A mulher ouvia, da velha do gadanho, a risada.

Aquela esteve todo o tempo em que o médico e os enfermeiros lutavam por trazer de volta o homem à vida, encostada à porta da UTI, rindo, debochada, dizendo:

—Esforço inútil. Já vim buscá-lo. Não adianta lutarem, este já é meu.

Entretanto, o médico usou de todo o seu conhecimento e técnicas, equipamentos, auxiliado pela equipe da enfermagem, enquanto olhava de soslaio para a sorrateira, que não queria sair dali. Ela puxou um cigarro, sorrisinho nos lábios e, descansada, esperava, sem pressa.

Foi quando ele voltou, num grande fluxo de ar, e o coração voltou a bater. Ela desistiu, abanou para o médico, seu velho conhecido, ao lado de quem frequentemente se encontrava, e disse-lhe:

—Esta você ganhou. Vou embora. Mas não desisto, daqui a pouco estarei aqui, de novo. Não com este, este é seu. Mas com outros...

VÉIA DO GADANHO é como a chamam.

Contemplação

Após o jantar reuníamo-nos ao pé da escada, do lado de fora da velha casa de madeira.

Ignorávamos os pernilongos, que zumbiam em nossos ouvidos e nos picavam incessantemente.

Perscrutávamos o céu, encontrando as Três Marias, o Cruzeiro do Sul, e todas as outras que lá permaneciam penduradas.

Ficávamos horas conversando, fazendo planos, admirando também a lua, que escondia-se, por vezes, atrás das nuvens: meu pai, minha mãe, meus irmãos e eu; o pai e a mãe em cadeiras, nós quatro nos degraus da escada.

O lugar onde morávamos, no lado sul da cidade, era alto em relação ao resto da cidade.

Víamos cintilar, além das estrelas celestes, as da cidade, ou seja, o pisca-pisca das luzes, abaixo e ao longe.

Imaginávamos o futuro. Imaginávamos histórias de vida para cada luz de cada casa; ignorávamos as luzes de eventuais postes.

Às vezes, uma estrela cadente riscava o céu; ficávamos alvorotados, e fazíamos um pedido. Não recordo se algum deles foi atendido.

Outras vezes, víamos luzes se movimentando no céu; ficávamos na dúvida: seriam aviões ou seriam as naves que circundavam a Terra, pois era no período das viagens de exploração, disputas de russos e americanos?

Mantínhamos o cuidado frente à recomendação de não apontar o dedo para as estrelas, pois poderia criar verrugas – acreditávamos piamente nisso.

Nesse mister passávamos um longo tempo, enlevados, distraídos, unidos num só olhar, até que o sono batesse ou começasse a doer o pescoço.

Porém, o bom de tudo, é que estávamos reunidos, trocávamos ideias, nossos pais nos ensinavam, e aproveitávamos que o céu era limpo, não havia poluição, nem outras diversões com as quais pudéssemos nos entreter.

Fuga da rotina

Apagou a luz e deitou.

Sentiu no corpo, inteiramente nu, a maciez do lençol, a sensação do bom de relaxar os músculos das pernas, sentir os pés, as coxas, o ventre, os seios, tudo completamente à vontade.

Pensou. Pensou em como, diariamente, as pessoas vivem, passam por milhares de emoções, problemas, alegrias, tensões que vão se acumulando em alguma parte de seu ser. Pensou que fazia quatro anos que não tirava férias, que trabalhava sem parar e estudava como doida. Usufruiu a felicidade de sentir-se liberta de horários, compromissos, carrancas, telefone, papéis, livros, galhos por quebrar; a sensação de dormir pela primeira vez num hotel (embora não fosse dos mais luxuosos), de não ter que lavar a louça, limpar a casa para esperar o namorado, cozinhar quando a mãe não está. Como é bom ser servida...

O sol bateu na janela. Ah, como é gostoso estar nessa...

Espreguiçou-se, bocejou com vontade, deu seus costumeiros gritinhos de quando acorda, enquanto a campainha para o café tocava. Cantarolou um samba qualquer e foi para o banheiro.

Água geladinha, percorrendo desde os cabelos, pelo pescoço, a pontinha dos seios, a barriga, o sexo, as pernas, até alcançar o chão; o sabonete deslizou, numa massagem vagarosa, acompanhada pelas mãos, dando uma sensação de liberdade.

Pensou no namorado. A estas horas, coitadinho, deve estar numa sala quente, suando sob a roupa, louco por um banho. Sentiu novamente os beijos da despedida; seus braços apertaram-na tão fortemente que quase quebrou-lhe os ossos.

Tão distraída estava que nem notou que batiam na porta, perguntando se havia morrido alguém embaixo do chuveiro. Sobressaltou-se e apurou. Tomou o café em companhia das amigas, conversaram sobre o tempo; que nesta turma do SESC quase não tinha rapazes; que um dia iriam a Capão da Canoa; que ainda estavam cansadas da viagem pois o ônibus era incômodo com os bancos muito juntinhos e não podiam estender as penas.

—Apurem, vamos logo para a praia. O sol está bacana, não percamos mais tempo, chega quando temos que ficar fechadas dentro de um escritório, sem ver nada e só nos incomodando...

Passou o primeiro dia, algumas pessoas se queimaram demais numa só vez, encheram-se de pomadas, óleos e loções protetoras, cremes, até pegarem o jeitinho e obedecerem o horário do sol.

O sol... eternamente, o sol. Como é agradável, quente, amigo! A brisa do mar... o mar e seus mistérios inúmeros e indecifráveis; a areia, amiga e de uma quentura como a do sol. Todos juntos, e um chapeuzinho, bronzeador, um biquíni reduzido, pés descalços, braços abertos, e a vida! Recuperando as energias, engordando uns quilinhos...

Sem horários. Sem compromissos. Sem o... que horas tu voltas, onde vais, podes me fazer um favor? já terminou de bater esta carta? Já está na hora, mas se puderes (depois te levo em casa) termina de bater isto aqui que deve ir hoje pelo malote, sem falta... tens aula hoje? Podes fazer hora extra?... Tu lavas a louça para mim?? Mana, me faz um favor... filha, podes tirar a erva da cuia pro pai?... LIVRE!!!!

Passaram-se dez dias. A saudade começou a apertar; no dia em que choveu, foi tão triste: palavras cruzadas, jogo de paciência, conversas até encher; a "nossa musiquinha" tocando, uma lágrima mais do que teimosa...

As fotografias, na década de setenta em que estavam, foram tiradas aos montes por elas, como boas turistas, e deveriam ser reveladas ao chegarem de volta, para ver se prestaram, não queimaram e não tremeram. Levaram lembrancinhas daqui e dali, postais, colares de conchinhas, uma bolsa de palha. Recordavam com carinho os jogos, as brincadeiras, as piadas, o desfile com escolha da Rainha da Turma; o desfile dos rapazes; o beija-beija, entre os namorados; a caipirinha, as fofocas, a paquera comentada da guria que era noiva e nem tirava a aliança... os novos casaizinhos... a despedida, as cantigas inventadas pela turma, como identificação, trocando as letras e rindo a valer...

Ah, o sol, o mar, a praia, tudo na lembrança, uma saudade...

As férias acabaram.

Enchentes

A cidade de Panambi, onde morei por 12 anos, tem uma topografia parecida com a de Ijuí, onde nasci, com morros, subidas e ladeiras íngremes e partes baixas, em ambas, onde se localizam os centros das cidades.

Quando construímos nossa casa naquela cidade, escolhemos um lugar baixo, quase plano, por não gostar de morar em cima de barranco – meu pai sempre escolheu a parte alta para morar. Muito tempo depois dei razão a ele.

Durante os primeiros tempos em que moramos lá, ocorreram enchentes, mas nenhuma tão perigosa que chegasse a nos assustar.

No ano de 1982, em outubro, se não me engano, quando lecionava na Escola Estadual Poncho Verde, que era localizada ao lado do Rio Fiúza, houve um temporal terrível, com ventania que, na hora da saída da escola, às 11:55, arrancou o teto, levando cortinas, forro e pedaços de paredes para longe. Foi um vendaval tenebroso, que causou pânico em professores e alunos, os quais se abrigaram como foi possível para não se ferirem. Logo em seguida a este grande susto, começou uma chuva muito forte, que encheu rapidamente o rio ao lado.

Nossa casa ficava a uma quadra da escola, também perto do rio. O campinho, ao lado da escola, começou a encher de água, e todas as ruas por onde passava o rio Fiúza e os seus afluentes, também. O centro da cidade, e a empresa Kepler, Weber, na parte do centro, entre outras, igualmente.

Muitas pessoas começaram a tirar seus móveis de casa e levar para casa de amigos e abrigos, nas partes altas da cidade.

Nós, que ainda não sabíamos das enchentes que ocorriam, pois morávamos há apenas quatro anos na cidade, ficamos mais ou menos tranquilos... até começar a ver que a água ia subindo no valetão ao fundo de casa, que desembocava no rio; até ver a vizinha dos fundos, a D. Querida (nunca soube o nome dela) começar a tirar os móveis; até começar a ver a lenheira, em frente a nossa casa, ficar cheia de água no chão e esta começar a subir...Começou o pânico.

Nossa vizinha da frente, que morava no barranco (lembrei do meu pai), disse-nos para começar a levar os móveis para lá, antes que a água chegasse. Eu estava como um robô, não raciocinava, não tomava nenhuma atitude ou iniciativa. Os vizinhos entraram em nossa casa e disseram:

—Vamos, vizinha, senão a água vai encontrar vocês aqui, ainda.

E começaram a levar os móveis.

Peguei as crianças, fui para a casa de meu cunhado, mas só jantamos lá, pois eles já estavam abrigando o irmão da cunhada e sua família, que também tinham sido atingidos.

Por sorte uma querida amiga e colega da escola, por quem tenho uma grande admiração, respeito e gratidão, a Maria Rita Müller e seu esposo, Ney Müller, nos levaram para pousar na casa deles. Ficamos eternamente gratos a eles, que nos acolheram, nos deram guarida e socorro, e nos suportaram por dois dias, creio (já não lembro mais direito o tempo), até que conseguíssemos alugar uma casa, em cima de um morro, enquanto nossa casa fosse consertada.

No momento em que estávamos saindo de casa, já era noitinha, a chuva não parava, olhando para a rua Paissandu, onde morávamos, parecia um mar de água vermelha. Cobras, ratos, baratas e muitos outros bichos já entravam dentro da casa. Cerca de meio metro de água entrou em nossa casa. Foi um caos, um susto, muito medo, inclusive pela entrada desses bichos. Eu ficava olhando, paralisada, a água subir na rua; entretanto, foi pelos ralos nos banheiros e na lavanderia que entrou primeiro... a água foi subindo por dentro de casa primeiro e, só depois, a água da rua começou a rodear e subir. Uma cena chocante e inesquecível.

Como nossa casa era financiada pelo BNH, tinha seguro. A seguradora demorou três meses para efetuar as reformas necessárias para deixar do mesmo jeito que estava antes. Nesse tempo, aprendemos a morar na parte alta da cidade.

Em 1990 nos mudamos de Panambi para Caxias do Sul. Alugamos nossa casa. Posteriormente, voltamos a morar em minha cidade natal.

No ano de 1992, outra enchente, maior ainda, ocorreu naquela cidade. Graças a Deus, a casa estava vazia. Não chegamos a ver a dita enchente, mas, se já estávamos apavorados com a entrada de 50cm dentro de nossa casa, imaginamos o dilúvio que foi esta outra, pois quando fomos vê-la, as marcas assinalavam que tinha subido a água 1,50m. Quase minha altura! Quase toda Panambi deve ter ficado embaixo d'água, com exceção dos morros.

Colocamos a casa à venda. Bem depois um dos prefeitos conseguiu fazer, com sua equipe, um projeto para corrigir algumas das curvas do Rio Fiúza, que corta a cidade, deixando-o mais reto, o que possibilitou que a água não ficasse retida e não se elevasse. Parece-me que não ocorreram mais enchentes naquela cidade.

Morando em Ijuí, neste mesmo ano de 1992, o mesmo temporal que se abateu sobre Panambi, também ocorreu em Ijuí. Chuvas muito fortes, torrenciais, em pouco tempo encheu o canal do Moinho, que atravessa a cidade, fazendo-o transbordar e rapidamente elevar o volume de água nas ruas da baixada. Em toda a extensão, o canal transformou-se em um mar de água vermelha, como é a característica da terra nessa região do Planalto Médio rio-grandense. E na Rua Marechal Mallet, perto da esquina com a Rua Luíza Couto, onde a rua passa por cima do canal, de tão forte que era o volume de água chegou a formar como um chafariz, onde a água batia na ponte.

Nesse dia Ijuí ficou dividida em duas partes sem comunicação, pois tudo ficou alagado na baixada, sendo que as pessoas tinham que fazer uma volta bem grande para chegar ao outro lado, indo pelo lado leste ou oeste, nas extremidades da cidade, para ir ao trabalho ou voltar para casa.

Nós morávamos na Rua Marechal Mallet, porém na parte sul, mais alta (já tínhamos aprendido a lição!), mas, como a rua é em subida, havia casas abaixo da nossa e acima. Quando ocorreu a chuva forte, com ventania, a água veio vindo da parte mais alta, derrubando muros e enchendo os pátios. Nossos dois muros foram derrubados pela força das águas; no entanto, antes de derrubar o muro debaixo, a água foi subindo, subindo, subindo...e começaram a vir as cobras, os ratos, os bichos... entrei em pânico: de novo?

Já estava a um degrau da nossa cozinha quando o muro debaixo estourou, e a água foi embora. Susto, pânico, medo, tudo misturado.

As lições que aprendemos aplicamos dali em diante nas nossas vidas: nossas próximas moradias sempre foram na parte mais alta da cidade, e agora moramos em apartamento, em um prédio em cima do morro. Enchente, se Deus quiser, nunca mais!

A vida é assim...

"A vida é assim...", dizia meu amado pai em seus últimos tempos, quando ainda conseguia falar. Sua mão trêmula segurava a cuia de chimarrão, e seus olhos tinham um olhar de distância, de ver longe onde não víamos; admirava as árvores e flores que ele plantara ao fundo de sua casa, e as que o vizinho plantara aos fundos da dele, árvores estas que, juntas, formavam uma agradável linha verde, de cheiro de mato, de frescura, de pios de aves, de gatos subindo por elas, de amanheceres e anoiteceres. A vida dele anoitecia...

Minha mãe repete esta frase de vez em quando; não lembra mais quem a dizia, e o crepúsculo se aproxima para ela, lentamente, sem pressa, fazendo-a olhar ao redor com o mesmo olhar de distanciamento, de ausência, de adeus, de ver o que não vemos.

Nesse ínterim, vamos vivendo. Como diz o sambista: "deixa a vida me levar, vida leva eu...", às vezes a levamos, e às vezes somos levados: pelo trabalho, pelos compromissos, pelas responsabilidades, pelas preocupações e angústias, pelas ilusões, anseios, sonhos, leituras, viagens, prazeres... doenças, dificuldades, restrições etárias e tudo mais.

Todavia, não devemos deixar a peteca cair, é o que aprendemos; contudo, se ela cair, a gente a levanta de novo e segue o baile.

As pessoas temem mulheres independentes

Só fui entender esta frase depois de ficar viúva.

Logo que meu amado esposo faleceu, todas as pessoas que vinham me abraçar, comentar o ocorrido, expressar seus sentimentos, seus pêsames, já vinham também, com as palavras: "agora tu tens que..." e seguiam-se as mais variadas afirmações, conselhos, sugestões, dicas. Até o dia em que tive que ser clara: eu fiquei viúva, não incapaz. Da minha vida cuido eu; tomo minhas decisões, faço o que tenho que fazer, assumo minhas responsabilidades e as consequências dos meus atos.

Entretanto, passei a perceber que toda vez que entro em um recinto em que há muitas pessoas, em que há casais, lugares que, antigamente, não era habitual uma mulher estar desacompanhada, havia olhares esquisitos, mulheres me olhando de soslaio, homens me inspecionando discreta ou descaradamente, observando se tinha aliança em minha mão esquerda: restaurantes, cinema, clubes, postos de gasolina indo abastecer, eventos, viagens, hotéis, e consequentemente estações rodoviárias, aeroportos, etc.

Conversando com outras mulheres viúvas, divorciadas, separadas ou solteiras, percebi que o mesmo ocorre com elas. Nós somos os perigos, as "disponíveis", mesmo fechando a cara e não dando trela aos mais afoitos que são puxadores de conversa, palpiteiros, paqueradores, curiosos, etc.

Quando fui a um evento há pouco tempo, na volta uma pessoa perguntou-me: e daí, achou um namorado? – Resposta na lata: - não estou procurando!

Nossa sociedade tem dificuldades de ver uma mulher que trabalha ou trabalhou, estar ou ficar sozinha, sem uma companhia masculina. A mulher não pode conduzir sua vida de forma independente? Pode e deve.

Isso não quer dizer que fechou as portas do coração para um eventual amor que possa vir a ocorrer; mas não necessariamente.

Falo por mim, e cada mulher que fale por si: fui tão feliz em meu casamento, meu marido e eu nos dávamos tão bem, a ponto de um completar o pensamento e a frase do outro. Sintonia perfeita. Sinto saudades? Obviamente! Tivesse sido um casamento infeliz não teria lembranças, saudades, datas a comemorar, família, filhos, netos, recordações de passeios, viagens, músicas preferidas, acontecimentos.

Em pleno século XXI ainda precisamos falar disso, pois a sociedade ainda não reconhece o direito de uma mulher ser independente, autônoma, senhora de si e do seu destino.

O primeiro amor

Talvez uma das coisas que mais marque uma pessoa é o seu primeiro amor. Talvez, não, é certo.

Geralmente ocorre pelos 12 a 15 anos; é aquele olhar espichado que ultrapassa as pessoas ao redor atingindo somente a pessoa amada que pode ou não estar presente. É aquele sentimento dentro da caixa torácica, que faz o coração bater, mas bater tanto que parece alguém morrendo às portas de um médico, desesperado. E bate, bate tanto que não pula só no peito: atinge a garganta, a fala; as mãos e pés tremem, há um como terremoto humano temporário. É tão ansiado, esperado, desejado, que, se a pessoa consegue a atenção do ser amado, esquece tudo que sonhou dizer, manifestar, inclusive os carinhos que gostaria de fazer e, no seu lugar, apenas diz:

—Lindo dia, não?

No primeiro amor, a gente esquece de tudo o que gosta e só passa a gostar do que o amor da gente gosta. Até futebol!

O primeiro amor pode ou não ser platônico; se for, muitas vezes a pessoa amada nem sonha que tal pessoa seria capaz de morrer por ela, fazer todas as suas vontades, entregar-se de corpo e alma a este amor, com toda a paixão que existe no mundo! Se a pessoa amada já descobriu e se aproximou, a coisa ferve!

É aquele toque de mãos que faz desfalecer, é o carinho que faz tremer nas bases, é o olhar mais profundo e compreensivo que diz tudo o que a voz, emocionada, não permite dizer. É a transmissão de pensamentos, de ideias, de sonhos, de ilusões... é um fascínio tremendo, inenarrável, inédito!

Só com o primeiro amor... será?

A cidade das viúvas

Em uma cidade perto do oeste gaúcho, na região das Missões, no lado argentino, descobriu uma repórter de revista feminina de grande circulação que, em um de seus distritos de nome Nhú-Porã, havia trinta e nove viúvas.

É um número elevado considerando-se a população local, de baixa densidade demográfica.

Curiosa, tentou de diversas formas entrevistar essas viúvas, para descobrir a razão da morte de seus maridos, se nunca mais se casaram, como viviam, e sobre suas famílias. Suas tentativas eram infrutíferas.

Conversando com uma senhora que tinha em torno de setenta anos, professora aposentada e agricultora nas horas vagas, de nome Elizabeth, descobriu que ninguém queria falar nada por questões de segurança, pois havia muitos malandros que se aproximavam das mulheres para tentar levar vantagens, tanto pessoalmente, quanto pela internet ou outras formas de comunicação. E, também, para evitar assaltos.

A repórter não se deu por vencida.

Devagarinho, conversando, demonstrando que não identificaria o lugar, não daria o nome das pessoas, que manteria o sigilo das fontes, que elas não correriam risco nenhum, foi amolecendo a resistência da mulher, até que obteve uma pequena vitória:

—Tudo bem. Vamos fazer o seguinte: dia 23 é meu aniversário. És minha convidada, vou te apresentar como minha amiga. Mas não dirás para ninguém que o teu objetivo é entrevistar a turma, vais conversando normal, como quem quer fazer amizade e conhecer as pessoas.

—Combinadíssimo!

—Mas sem gravadores, microfones, nem computador, nem anotações. Vais te fiar na tua memória. Senão ninguém abre a boca.

—Certo, farei como dizes.

No dia marcado, a casa de Elizabeth começou a encher-se das amigas e vizinhas em torno das 17 horas. Abraços, beijos, presentes, apresentação da nova amiga, conversas, música animada, algumas dançando, tagarelice, alvoroço, como são as reuniões de mulheres. Algumas trouxeram as crianças, filhos e netos, a bagunça tomou conta.

Num canto, a repórter conversava animadamente com um grupinho, contando a todas como era a vida na cidade grande, o movimento, os grandes shoppings centers, as tentativas de assaltos, o trabalho, as grandes lojas, as livrarias, a vida dinâmica que levava. E, principalmente, o stress.

Muitas viajavam uma vez por ano para um canto do Brasil ou do exterior, a passeio, e conheciam o que ela descrevia. Outras, não. Tudo era novidade.

Perguntaram se era casada, ela disse que sim, que tinha uma filha de 15 anos que ficava com o pai quando ela viajava a trabalho. E que estava no local por conta de uma palestra que daria na área de comunicação da Universidade local. Ela perguntou se eram solteiras ou não, se tinham filhos. Algumas se retraíram. Outras, já mais leves depois de algumas taças de vinho, disseram que eram viúvas. Mas que ela não espalhasse a notícia por questão de segurança delas e das famílias.

Ela disse que não abriria o bico. Daí perguntou se eram muitas pessoas com este estado civil, uma disse que não, outra disse que trinta e nove, outra poucas, outra muitas... E ninguém mais quis se casar de novo?

Disse Maria, uma loira de 30 anos, muito bonita:

—Não. A grande maioria das viúvas daqui perdeu seus maridos para doenças severas, como o câncer. Eram trabalhadores rurais, empregavam venenos em suas lavouras de soja e trigo. Algumas, como eu, ficaram sozinhas em torno dos trinta anos. Outras mais tarde, outras mais cedo. Quase todas tiveram que assumir o trabalho na lavoura, além de suas profissões. E terminar de criar os filhos sozinhas.

(Repórter) - E nunca nenhuma voltou a se casar?

(Maria) - A Fulana, assim que ficou viúva, vendeu suas terras e foi morar na cidade, não quis saber de ficar sofrendo com o trabalho árduo da lavoura. Mas a grande maioria ficou por aqui. Parece que ela tem um namorado.

Entre uma rodada de salgadinhos e docinhos, taças de vinho, cerveja e refrigerante, a conversa foi ficando solta:

(Repórter) - E vocês, que estão morando aqui, não se sentem desprotegidas, não acham que é muito compromisso e responsabilidade para encararem sozinhas? Não sentem solidão, não têm falta de um aconchego, carinho, companheirismo, sexo?

(Marta, 68 anos) - A Beltrana conheceu um ciclano num evento na cidade. Ele até veio aqui algumas vezes. Até ela descobrir que ele era casado, e que queria passar a mão nas terras e no dinheiro dela... Mandou-o passear.

(Joice, 55 anos) - Eu me sinto muito solitária, já que meus filhos são crescidos e estão estudando fora. Até a gente se sente muito carente, em todos os sentidos... Entretanto, a liberdade que a gente aprende a ter, depois que conseguimos vencer, superar o luto e a dor da perda do amado, não tem preço que pague. Fazemos o que queremos, sem prestar contas a ninguém. Temos grupos de viagens, de passeios, de estudos, coral na igreja.... a gente se vira.

Elizabeth, que circulava entre os convidados, e verificava se não estava faltando nada, perguntou:

—Como está a conversa aqui?

—Está ótima.

Mais uma rodada de vinho e cerveja.

(Berta, 45 anos) - A Beltrana conheceu um rapaz muito bonito pelos sites de relacionamento. Pesquisou na internet sobre ele, depois de assistir a uma reportagem na tv, em que os delegados de polícia aconselhavam as mulheres solteiras, separadas ou viúvas, que ficassem alertas aos relacionamentos através destes sites. Sugeriam que pesquisassem na polícia antes, para ver se não era nenhum malandro. Ela tem uma amiga que é Delegada na Delegacia de mulheres. Pediu para ela verificar. Minha nossa... o cara não mentiu o nome nem estado civil, mas mentiu a profissão, que era nenhuma. Era acostumado a dar golpes em mulheres desavisadas, começava na manha, na fala mansa ao pé do ouvido, ia conquistando, depois pedia dinheiro emprestado e assim por diante. Ela deu um pé na bunda e mandou ver as estrelas.

(Repórter) - Nossa! Vocês moram no interior do interior, mas estão bem alertas. E sabem se virar sozinhas. E o sustento de vocês, como fazem?

(Elizabeth) - Aprendemos a administrar nossas terras. Temos alguns funcionários para a hora da planta e da colheita, fazemos mutirões, umas ajudam as outras. As que têm filhos, estes ajudam a administrar. E algumas, mais velhas, têm aposentadorias. Não é muito, mas ajuda.

(Repórter) - E o estudo dos filhos e netos, como fica?

(Dandara, 50 anos) - Aqui no distrito temos escolas municipais e estaduais de ensino fundamental e médio. Quando querem ir para a faculdade, damos um jeito de mandar para a cidade; às vezes conseguimos bolsa de estudos, alguns passam em universidades públicas em outras cidades, então vão trabalhar e estudar. Todo mundo se vira.

Pasteizinhos recém fritos fizeram outra rodada. Os famosos docinhos giravam nas bandejas. E a encarregada da bebida não deixava faltar nem vinho, nem cerveja, nem água, cada uma conforme seu gosto. E a música, de acordo com o gosto de todas, não parava de tocar.

O papo foi rolando cada vez mais solto. Foi uma noite memorável.

A repórter ficou conversando com a mulherada, dançando, beliscando salgadinhos e docinhos até às 2 horas da manhã.

Matou a curiosidade. Ficou deslumbrada com a capacidade das mulheres de se virarem, cuidarem umas das outras, viverem em comunidade, e conduzirem suas vidas sozinhas. Lembrou-se do matriarcado de tempos de outrora.

Mas, o que muitas disseram: que não são contra os homens, muito antes pelo contrário. Algumas disseram: lavar cuecas, nunca mais! Entretanto, se conhecessem algum companheiro que valesse a pena, poderiam pensar no assunto. Afinal, eram todas muito normais, tinham sonhos e desejos como qualquer mulher, independente da idade. Apenas não queriam mais compromissos, responsabilidades e um patriarca a querer mandar em suas casas.

A repórter voltou para sua cidade. Fez a reportagem, como combinado, sem identificar nada nem ninguém. Recebeu um prêmio pela reportagem e continuou tocando sua vida.

Pneu furado

Cheguei na estação rodoviária provisória de uma cidadezinha gaúcha.

Comprei minha passagem. Faltavam cinco minutos para o ônibus chegar (em meu relógio – no da rodoviária, dez.)

Quando apontou o tão esperado na esquina, todos viram: o pneu dianteiro estava furado. A piazada do picolé gritou, assobiou, e houve uma exclamação geral.

—Que belo programa para sábado de manhã, 35° de calor, dez horas, quase fim de linha... – disse um dos cobradores.

Quem tinha que descer ali, desceu; quem estava no ônibus e ia adiante, permaneceu sentado. Quem ia subir, esperou. Em quatro homens – e olha que homem tem músculos de força – levaram quase meia hora para trocar o dito pneu. Tinha 8 parafusos e um macaquinho menor do que o do meu corcel.

Aí eu fiquei pensando: numa coisa uma eventual mulher motorista de ônibus sairia perdendo, se isto acontecesse com ela: na força. Ela provavelmente teria de pedir ajuda a algum passageiro ou colega homem, como também fez o motorista. Mas, provavelmente, seria ridicularizada, tachada de incompetente e que isto é coisa para homens (mesmo que sejam necessários quatro).

Eu mudo o pneu do meu carro, tem só três parafusos, pneu pequeno, não muito pesado. Mas se fosse uma mulher a motorista do ônibus, como seria encarado o problema pelos assistentes do episódio?

Depois de mais de meia hora para arrumar o pneu na borracharia – já estávamos atrasados uma hora – finalmente o ônibus partiu, quando deveria estar chegando ao seu destino.

Bêbado ou morto?

Depois de passar um belo dia de Páscoa junto com os pais, os irmãos e os tios, a mulher pegou seus dois filhos, pô-los no carro e, ao lado do marido, iam retornar para casa.

Ainda, na hora de sair, tocou o telefone: sua madrinha queria vê-los. Passaram lá apressadamente. Conversaram uns minutos e seguiram, já estava escuro e chovia aquela chuvinha fria e fina típica do início do inverno sulista.

Saíram pela perimetral sul da cidade, ligaram o rádio na FM local e, felizes, iam conversando sobre os acontecimentos do dia: a apresentação dos dois filhinhos no jardim de infância com musiquinhas de páscoa e coelhinhos; o almoço gostoso junto aos velhos pais; o infarto dado na irmã da cunhada, de apenas 17 anos e que sofria do coração desde os sete; as roupas de lã feitas por uma tia e que ficaram bonitas... banalidades. As crianças pulavam no banco de trás, cantavam e gritavam. O marido pediu silêncio, o pequeno disse que queria dormir no colo dela no banco da frente; o pai não deixou, era proibido, a polícia multava, além de ser perigoso. Os dois pequenos começaram a brigar, a mulher ameaçou castigá-los se não parassem. Quebraram as casquinhas de ovos cheias de amendoim, deixaram o auto todo sujo.

O gurizinho quis parar para fazer xixi. O marido procurou um local que tivesse luz e parou. Umas pessoas que se encontravam no lado oposto da faixa atravessaram em direção ao carro, e eles rapidamente arrancaram, com medo de assalto, cortando o xixi.

Logo adiante, num cruzamento, de relance, viram um homem deitado no chão da pista de rolamento, de costas para a estrada. Dormindo, bêbado ou acidentado, morto? E qual a causa de, numa noite de chuva, alguém estar deitado no barro? Acidente? Por que não foi socorrido?

Não pararam o carro. Seguiram discutindo se paravam ou não, se tinha perigo de assalto, o envolvimento com polícia, hospital, inquérito... e as crianças, onde deixar, como colocar um estranho no carro, e o trauma das crianças?

E o tão propalado amor cristão? Adianta as lições recebidas e não socorrer o próximo como manda a parábola do bom samaritano? É isto que somos, indiferentes? E se fosse eu que estivesse ali e ninguém me socorresse?

A estas alturas da discussão, entraram na garagem de casa. As crianças choramingaram antes de ferrar no sono.

A consciência continuou a martelar: vivo ou morto? Bêbado?

Talvez os jornais noticiem... Alguém parou e verificou... A família deve ter encontrado... A polícia, talvez venha logo, a polícia...

O círculo fechado

"Tudo vale a pena, se a alma não é pequena."

Fernando Pessoa.

Passei alguns dias em contato com a natureza. Foram dias em que encostei-me nos raios gostosos e reconfortantes do sol, em que pisei na grama com os pés descalços, caminhei no meio do mato. Degustei deliciosos cachos de uva e laranja temporã. As pessoas com quem relacionei-me, não dispensavam seus costumes italianos, falando meio chiado.

Estive doente. Rins. Fiz aplicação de injeções dolorosas que, ao invés de me curar, deixaram-me ainda mais prostrada.

Estava em início de férias. Logo depois choveu ininterruptamente, e as nuvens não prometiam nada em relação ao sol e à claridade.

Apesar do tempo e da dor – o que é a dor? Nada, diante da perspectiva de um bom passeio – seguimos nosso caminho.

De Santa Maria da Boca do Monte para Santa Cruz do Sul. Uma pena estar chovendo, não pudemos descer, visitar aquela catedral que vislumbramos através da névoa espessa e dos pingos de chuva. Uma cidade comandada por multinacionais, explorada pelos grandes capitais e, o pior para nós, sem sinais indicativos de trânsito, nem placas. Depois de darmos uma volta, perdemo-nos procurando a saída.

Estrada de asfalto (pois ainda existem, e muitas, estradas de chão batido!), chuva, sensação de canoa em alguns trechos em que a água se acumulava. Ultrapassagens perigosas de carros em sentido contrário – pelo amor de Deus, não passa de 100km/h que tem duas crianças no carro, e eu não quero morrer tão nova! – O tempo começou a mostrar, paulatinamente, uma cara mais alegre.

Finalmente apareceram as placas indicativas: Lajeado, Porto Alegre, Florianópolis, Curitiba, São Paulo. Desvio – praias. Depois de andar um trecho, retornamos, verificando o engano.

Ao anoitecer, Torres. Não há vagas - eu já ouvi isto...- Bem que eu pedi para reservares, mas não me ouves! Mulher nunca tem razão... in saecula saeculorum, amen!

Carro na estrada, chuvisco, lancheria, estrada, movimento intenso (domingo é uma loucura!)

Anoitecer em Arroio do Silva/SC. Não há suíte, só apartamento conjugado. Serve...ainda encontramos frutas, suco, bolo e café. Simples, mas saboroso.

O novo dia compareceu com um sol débil. Entusiasmo para quem pretendia expor-se a ele. Com o que não contávamos era com o vento frio, tão frio que a água do mar ficou gelada, os frequentadores da praia não se despiram nem puderam encher os olhos com os fios dentais das moças. Decepcionante, para quem percorre tantos quilômetros para curtir a praia. Voltamos ao apartamento tiritando de frio.

Um, dois, três dias depois já dava para notar a diferença no bronzeado. Hão de perguntar, os moradores locais da praia, o que este pessoal vem fazer na praia, viajando mais de oitocentos quilômetros? Pegar uma cor, ué! Sim, ficar tostadinho que nem croquete, de preferência sem queimadura. O problema é que os ditos protetores de pele estão caríssimos depois do terrível e angustiante naufrágio do cruzado. E quem chega estar amarelado de tão branco, que vive encoberto o ano inteiro, quando dá-se ao sol, estranha. Foi o que aconteceu comigo, ainda mais em consequência dos medicamentos ministrados pela doutora. Fotossensibilidade. Dancei. Incrível, não? Lendo revista, sentada na praia, de costas para o sol, tapada, de preferência...

Mas não foi nada. Reencontro com pessoas conhecidas; música no bar à noite, com órgão sintetizador.

Quando a cor estava se aproximando da do croquete, levantamos acampamento; já faz três anos que visitamos as praias de Santa Catarina: Arroio do Silva, Morro dos Conventos, Itapema, Piçarras e outras.

Este ano resolvemos conhecer a cidade histórica de Laguna, com sua romanceada história de amor de Anita e Giuseppe Garibaldi. Conhecemos o Museu Anita Garibaldi que tem à sua frente o monumento em homenagem a ela; a casa de Anita, a Igreja folheada a ouro e com imagens e estilo bem antigos, muito bonita e bem conservada.

Depois visitamos o Mar Grosso, passamos pela beira do cais, o Monumento a Getúlio Vargas e aos trabalhadores do Brasil; num morro conhecemos uma santa, parece-me que Nossa Senhora da Glória. Foi um bom passeio. Almoçamos numa churrascaria na qual diziam saber fazer churrasco de gaúcho. Qual não foi nossa surpresa ao ver um espetinho com um pedacinho de galinha, um de carne de gado, outro de carne de porco e nada mais. Só coube-nos sorrir e comer os outros pratos paralelamente ao "churrasco".

Mais estrada, depois de ver as relíquias do Museu: desde a âncora do navio do Garibaldi, armas, dinheiro de várias épocas, louças do tempo do império, relíquias de famílias imigrantes, máquinas de escrever em forma de leque ou com uma tecla só, gramofone, fotos, discos, documentos, móveis, coisas interessantíssimas. Valeu o passeio.

Seguimos nossas andanças rumo a Joinville. Gosto dessa cidade, estilo germânico. Muito limpa, os prédios seguem todos aquela linha europeia que faz parte do cartão postal da cidade. Fora de série o restaurante Ataliba, com sua refeição exagerada. Comemorei lá meu aniversário, com um jantar maravilhoso, regado a um vinho delicioso, da safra de 1982. Pernoitamos num hotel agradável, o Joinville Palace Hotel, e no dia seguinte conhecemos o centro nervoso da cidade, onde inúmeras lojas, bancos, agências de todo gênero mantêm todos o mesmo estilo arquitetônico. Foi aí que levamos a primeira multa depois de muitos anos; deixamos o carro em um local que não havia nenhuma placa de proibido estacionar. Saímos a caminhar e, no retorno, lá estava ela a nos esperar.

Ao meio-dia seguimos para Blumenau, depois Lages, Vacaria, Passo Fundo, Panambi à meia-noite. Fechamos nosso círculo, voltamos para o nosso recanto – sãos e salvos e mais pesados de cultura, renovados de energia, prontos para o batente.

Insegurança

Seguia pela rua Sete de Setembro, dirigindo seu carro um tanto estourado pela buraqueira das ruas da cidade. Já estava atrasado, pois o expediente inicia-se às 13:30 horas, impreterivelmente, fora avisado desde o primeiro dia. Tentava ouvir um pouco de música, mas a interferência dos morros nas ondas do rádio fazia com que o som sumisse às vezes, ou ficasse com o volume bem alto, de repente. Ia preocupado, pois a firma onde trabalha está enfrentando uma época de crise, como as demais deste país, redução de pessoal, economia total. No setor onde trabalha, já tinham sido despachados três, restando só ele e o chefe. Será que sobreviveria aos cortes? Lembrava-se agora da esposa e dos filhos que dependiam de seu salário e preocupava-se com o que fazer se fosse dispensado. Abriria uma lancheria; mas quem vai comer fora de casa, com os preços altos dos alimentos e o pouco dinheiro que recebem?... Uma loja de confecções... também não dá: não se consegue prazo para comprar e a revenda das mercadorias tem que ser a prestações... ainda, os encargos sociais são muito altos. Um escritório despachante, talvez... uma padaria, quem sabe? Revendedor de algum produto de multinacional dá bem, mas... não, pera aí, vou comprar produtos da lavoura e revender na cidade; mas, e quando frustrarem as safras?

Chegou bem na hora em que a buzina da fábrica parava de soar. Ao entrar em sua sala, viu uma folha sobre sua mesa. Ficou curioso, serviço antes de eu chegar? A secretária chamou-o ao telefone. Quando voltou para a sua mesa, deveria atender um vendedor de materiais que saiu duas horas depois; ficou contente pois economizara dois milhões de cruzados para a empresa, uma vez que outro vendedor que estivera de manhã tinha preço muito alto. Aí, lembrou-se do papel. Pegou-o despreocupado, feliz pelo bom negócio realizado para a empresa, pensando que na certeza seu chefe o elogiaria. Mas parecia que as letras dançavam e se embaralhavam no papel diante de seus olhos. Bem em cima dizia:

AVISO PRÉVIO DE TRINTA DIAS.

Mais tarde

Mariana sentiu que chegava ao fim.

—“Por que as pessoas se encontram, parecem ter afinidades que depois somem?”

Pensava nisto enquanto terminava de arrumar a pequena e luminosa casa onde morava. Lembrou-se dos primeiros tempos; é bem verdade que a sintonia nunca foi cem por cento. Por exemplo, ela gostava de esportes, ele de leitura, que ela não suportava; ele gostava de cozinhar e ela – não podia nem pensar, preferia pintar seus quadros – que ele não entendia. Ela gostava de dançar e ele preferia ficar em casa dormindo. Mas nas festas, na política e na cama eles fechavam.

Eram muito bons amigos em quase tudo.

Após terminar sua obrigação – que fazia pensando em outras coisas por não gostar – passou para a pequena saleta que chamava de atelier. Olhou para o quadro que pintara ontem, sem vê-lo. Seus pensamentos turbilhonavam. Flashes de várias épocas, de lances diferentes, palavras, olhares; não sabia o que fazer de si. Olhou pela janela e o sol, que irradiava uma claridade etérea, aqueceu seu coração. Um passarinho chilreou na parreira em frente, seu gatinho angorá enroscou-se em sua perna.

-Enquanto as coisas estão acontecendo ao meu redor, eu penso. Será todo mundo assim? Será que Flávio também passa por isso? Nunca transpareceu, parece tão seguro de si, não aparenta ter dúvidas, ansiedades, incertezas... Só se preocupa com coisas práticas... serei somente eu quem vive pensando, ruminando sobre as coisas?

Distraidamente, pegou o pincel e começou a jogar com as cores, lançando à tela imagens disformes. Vermelho, azul, verde, amarelo gritante, preto... seu pensamento estava longe. Da casa do lado, vinha indistintamente – conforme a brisa se agitava – o baticum de um samba de Paulinho da Viola. Num sobressalto, lembrou-se que tinha hora marcada no dentista, que deveria ir ao banco fazer alguns pagamentos; rapidamente, passou pela frente do espelho, ajeitando-se de relance, pegou a chave da moto, colocou a bolsa à tiracolo e saiu. O trânsito, o sol, o cheiro de flor que havia na rua, o próprio fato de fazer algum movimento, bloqueou seus pensamentos. Enquanto aguardava na fila do banco, chocou-se com a lembrança remota de separação; mas, como era sua vez na fila, deixou para mais tarde...

Guris

Nasci num lugar aprazível – olha que palavra bonita! Dizem que é o melhor clima do Rio Grande do Sul. Meus avós eram de origem italiana, consequentemente meus pais e eu.

Fui um guri arteiro. Quem não foi? Terceiro filho de cinco. Em casa falávamos o italiano (Mântua); na escola aprendemos o português. Meus pais, agricultores; o velho, ainda, marceneiro.

Estudei no colégio das freiras na vila. Era lá que aconteciam coisas interessantes: um colega, por exemplo, um dia resolveu colocar nos tamancos do professor, que os deixava sempre à porta (escola rural, muito barro, faziam isso), uma lesma. Ninguém viu, é óbvio, quando o professor os calçou e virou bicho, com os pés melecados. Na hora do recreio, as gargalhadas foram gerais, ainda mais que foram reprimidas – olha aí! – reprimidas na sala de aula.

Outra vez, meu irmão fez a sua gracinha: apagou a luz na escola; ele pegou um palito de fósforo, prendeu a campainha do colégio e saiu, bem gajo, a brincar no recreio. Quando voltou a luz e a campainha começou a buzinar, foi um rebuliço total. Custaram, mas descobriram a arte. Andava Madre Madalena de sala em sala, tentando descobrir o culpado. E o gaiato, faceiro da vida, muito concentrado, bem sério. O professor, curioso: "Madre, foi um circuito?" "Não, não, professor, um palito!" Aí até o professor não resistiu e estourou na gargalhada!

Imaginação nunca faltou. Também, numa escola rural, longe do mundo e de outras atividades, dava nisso...Tinha um colega (coitado) meio abobado, destes que têm a faísca atrasada, ou o pavio curto. O pai dele não podia comprar o material de aula, então deu um lápis de cor que numa ponta era vermelho e na outra azul. Os professores já estavam preocupados, achando que ele tinha algum problema de cabeça, pois pintava seus desenhos irremediavelmente de vermelho e azul. Um dia o mestre de desenho mandou-nos desenhar a bandeira brasileira e pintá-la. Não deu outra: vermelho e azul. Aí ele perdeu a compostura e levou o guri ao diretor; considerava uma afronta ao país, um caso típico de movimentos anarquistas, seus pais deviam ser revolucionários comunistas, etc, etc... um total desrespeito. Até descobrirem que ele não podia comprar o material, pobre, já tinha passado um medão desgraçado, calafrios, tremedeiras e se se descuidasse, até ia borrar as calças.

Meu irmão uma vez ficou doente. Não podia ir à roça ajudar os velhos. Eu fiquei fazendo companhia pois a febre poderia subir então tinha que chamá-los. Lá pelas tantas, cansados da inatividade, resolvemos caçar a gataria que tinha em casa. Pegamos a espingarda, era mirar e pá! Voava gato pelos ares. Um pegamos bem de cima, na cabeça: ele estava bem embaixo da janela, tomando um solzinho. Espatifou-se. Se eu era sádico? Eu era um piá, e piá não pensa. Hoje, é claro, eu não faria isto.

Outra vez estávamos os três mais velhos em casa, nossos pais ainda não tinham voltado da lavoura. Minha irmã já tinha acendido o fogo no fogão à lenha, e preparava o jantar. Meu irmão mais velho pegou com um alicate uma tampa de lata de sardinha, esquentou na chapa do fogão e foi, devagarinho, aproximando do rosto da minha irmã... quando ele ia chamá-la e queimá-la, dei um empurrão nele e ele não conseguiu... acho que ele era meio doido, tinha umas ideias malucas.

Como morávamos no meio rural e não havia estradas, muita gente passava por dentro de nossas terras, atalhando o caminho para suas casas. Tinha uns piás que a gente não gostava, sempre roubavam nossas frutas, e vinham pescar sem autorização no nosso açude.

Meu irmão e um primo nosso engendraram uma vingança, para acabar com a malandragem do guri: no meio do caminho tinha uma cascatinha, onde tinha uma pedra bem grande meio pendurada, em equilíbrio. Nunca caiu, nem sei como. Coisas que não se explicam. Combinamos de fazer uma tocaia, quando o piá fosse passar por ali, íríamos empurrar a pedra sobre ele, daí ele nunca mais ia roubar nossas frutas, nem pescar nossos jundiás. Marcamos dia e hora, estávamos todos lá, quando o guri vinha vindo. A sorte dele que não tivemos força de empurrar a pedra. Só de raiva, saímos correndo atrás dele, gritando para não roubar nossas frutas e não passar mais por lá.

Secretária

O telefone tocou. Eu atendo: é meu chefe dizendo para ir até sua sala. Pego o bloco de anotações, a caneta e sigo pelo corredor escuro. Bato na porta, ouço a ordem e entro no recinto. Ele está recostado em sua cadeira de couro, uma das mãos mantém com o cotovelo no descanso da cadeira e os dedos encostados no rosto, como quem medita. Seu olhar, sempre, irremediavelmente, é um olhar de raposa; ou de lobo, não sei. Não sei porque, não gostei da cara dele desde o primeiro dia.

—Dona Elisa, anote os itens de uma correspondência que a senhora deve fazer para a firma Stera, solicitando: catálogos, lista de preços, possibilidades de negócios, prazos, descontos e tempo de entrega de seus implementos, nós estamos querendo revender estes produtos.

—Sim, senhor. Mais alguma coisa?

—Sim; escreva também para a GAT, dizendo que estamos aguardando o pedido feito há um mês - a senhora veja exatamente o dia em que enviamos o pedido no arquivo - e queremos saber o motivo da demora.

—Sim, senhor.

—Ainda tem mais: telefone para o número ..., peça para falar com o Dr. Rodrigues e me passe a linha. Pode ir.

—Certo.

Volto para a minha sala. Pego o papel, coloco na máquina de escrever, ajeitando-o perfeitamente para que a escrita não fique torta. Rascunho rapidamente as cartas; verifico exatamente o dia, o número da correspondência, a quantidade de tratores, a referência de cada um solicitado; antes de datilografar as cartas, faço a ligação e passo para o chefe, que atende prontamente. Termino esta tarefa e as levo para assinar.

—Dr. Saulo?

—Entre, entre. Já aprontou? Ótimo. Dê-me aqui que eu assino. Ah, a senhora já fez aqueles relatórios mensais que eu pedi?

—Não senhor, estão faltando alguns dados da Filial número três. O malote não chegou ainda, deve ter acontecido alguma coisa. O senhor já viu o relatório diário que pus sobre sua mesa?

—Sim, e não gostei. Escreva para o gerente da Filial dois dizendo-lhe para vir falar comigo urgentemente. Ah, e faça uma correspondência para aquele senhor, o Dr. Leomar, que será o gerente de Marketing da Empresa a partir do mês que vem, quando estaremos introduzindo novas metodologias de trabalho. A senhora já fez sua inscrição naquele cursinho de especialização?

—Sim, até já começou. Estou gostando muito, está me ajudando bastante. É bom a gente se atualizar e aprender novas técnicas de trabalho.

—Vá, e escreva aquela carta.

—Sim, senhor.

Não gosto de ele me chamar de senhora. Pra mim é um jeito de ele disfarçar que é metido a garanhão. Escutei umas histórias dele com as outras secretárias que teve, fiquei assustada. Até agora não tentou nada comigo, e ai dele se tentar. Além de perder a empregada na hora, vou encher de desaforo e contar pra mulher dele. Dizem que ela é uma fera. Pudera, com o marido que tem.

O dia vai passando entre o telefone, a máquina de escrever, a máquina de calcular, o bloco de anotações e a caneta. Às vezes não tenho tempo nem de ir ao banheiro. Outras vezes, deixo até de fazer o lanche. Chego em casa com uma fome danada.

No fim do mês, recebo meu envelope, descontado já o vale, e tenho até vontade de chorar. A gente faz de tudo naquela empresa e o salário é uma porcaria, mal dá para pagar a faculdade, duas mudinhas de roupa, os livros e sumiu. Tenho que espremer o dinheirinho e ir de vez em quando ao cinema ou à boate com minhas amigas. Pelo menos aproveito o tempo presente.

Outro dia, muito trabalho

O telefone:

—D. Elisa...?

—Sim?

—Venha até minha sala que preciso falar com a senhora.

Lá vou eu, toc, toc, toc, meu salto batendo no chão. Hoje levantei inspirada, vesti meu traje de lã vermelho (saia justa e casaquinho acinturado), fiz um coque no alto da cabeça. Às vezes rio quando me olho no espelho: tenho mesmo cara de secretária com estes olhos vesgos e os óculos dependurados sobre o nariz. Junto com a pasta, levo as correspondências que chegaram e que são destinadas ao chefinho.

—Dr. Saulo?

—Entre, entre, não perca tempo. Vamos ver a correspondência. Humm, isto aqui, vejamos... desgraçados, os prazos estão encurtando, não dão um desconto que valha a pena, droga! Assim não dá, como é que uma empresa vai se manter? Bem, e isto aqui... pelo menos uma notícia boa. Os tratores foram embarcados e devem chegar até o fim de semana. D. Elisa, pegue as listas de preços de todas as mercadorias, acrescente 15%, bata numa matriz e tem que estar pronto até o fim do dia. É urgente. Amanhã de manhã a senhora envie, sem falta, para todas as filiais, senão vamos perder dinheiro.

—Sim, senhor.

—Veja bem o que eu disse, tem que ficar pronto hoje.

—Vou fazer o possível. Mais alguma coisa?

—Não, pode ir. Passe na sala de departamento de pessoal e mande vir o Teseu.

—Certo.

Sento à minha mesa, as listas de preço à minha frente, a máquina de calcular à direita, o lápis ao alcance da mão, a matriz já na máquina de escrever, e mãos à obra. Trabalho como alucinada, a pasta das listas de preço é enorme; nossa firma é pequena e ainda não possui um sistema de computação. O trabalho aqui ainda é todo manual. Tão concentrada estou no trabalho que até me assusto quando toca o telefone. Só levanto da cadeira quando apita meio-dia.

Estou com a cabeça fervendo. Chego a estar meio tonta, os olhos ardidos, um peso e uma dor na nuca.

Retorno à uma e trinta, e me afundo novamente no trabalho. O pior é que justo no dia em que tenho mais serviço, aí parece que todo mundo tem que telefonar para a firma. É uma loucura.

Apita seis horas e minha tarefa não está concluída. Ligo para o chefinho:

—Dr. Saulo, infelizmente não consegui aprontar tudo. Posso deixar para amanhã concluir? É muito serviço para um dia só, o senhor tem que compreender...

—Dona Elisa, eu lhe avisei que tinha que ficar pronto hoje. A senhora pode, então, fazer hora extra?

—Doutor, mas eu tenho aula na faculdade...

—Não pode faltar hoje?

—Bem, não é bom porque é uma matéria por dia, se a gente falta é difícil engrenar de novo...

—A senhora não pode fazer este sacrifício, só hoje? A turma do departamento de pessoal também vai ficar porque a folha de pagamento não ficou pronta...

—Vou fazer o possível. Só preciso fazer um lanche, senão não aguento.

—Meia hora para o lanche, então. A firma paga, pegue dinheiro no caixa.

—Certo.

Engraçado, quando é para o bem da firma, a gente tem que fazer o sacrifício. Por que eles não pagam melhor a gente? Que faria um executivo sem sua secretária? Eles não sabem bater à máquina, não têm paciência de atender todos os telefonemas, a gente tem que aprender a mentir: o dr. Fulano não está, está muito ocupado, viajou faz meia hora, está em reunião, ... não sabem organizar um arquivo, fichas, lidar com matrizes. A agenda deles também é com a gente: a hora do dentista do filho, o carro para as compras da mulher, o médico dele, viagens, reuniões, assuntos os mais variados.

Retorno, acendo a luz da minha sala e, novamente, quinze por cento sobre todas as mercadorias (não é um abuso?). O pessoal da folha de pagamento, em uma hora, conclui sua tarefa. E eu vou ficando. O guarda me traz um cafezinho, e diz que não fique com medo, não tem problema, ninguém entra ali àquela hora. O silêncio é grande e vagueia por entre as diversas salas. O relógio-ponto está desligado, as máquinas de calcular e escrever estão quietas, obedecendo ao rito do descanso. Não há o zumzum das conversas, os toques do telefone, passos que entram e que saem. Já estou nos últimos produtos, quando sou interrompida:

—Boa noite, Dona Elisa.

Olho, surpresa, o chefe entrando em minha sala.

—Boa noite, doutor.

—Conseguiu aprontar?

—Estou nos últimos produtos; também, não aguento mais de cansaço. Amanhã cedo é só envelopar, colocar o destinatário e pôr no malote. Até a tarde estará nas filiais, a firma não vai perder nada.

—Ainda bem. A senhora tem carona?

—Meu namorado ficou de passar aqui pelas dez horas.

—Ah, a senhora tem namorado? Pensei que não tivesse. Apesar de estar cansada, a senhora está muito bonita. Já tinha notado de manhã, só não tive a oportunidade de lhe falar.

—Bondade sua, estou como sempre.

—Não, hoje a senhora está melhor. Esta roupa combinou bem com a senhora.

—Pode ser. Gosto muito de vermelho.

Eu penso qual é a dele ficar ali, batendo papo comigo?

Enquanto guardo meu material, coloco a capa nas máquinas, ele se senta à minha frente e fica me observando. Chego a perder a linha, ainda sou destas pessoas encabuladas. Derrubo umas folhas no chão e vou juntá-las. Ele é mais rápido e faz uma cortesia.

—Obrigada.

—Não tem de quê.

Neste momento, toca o telefone. É Francisco, meu namorado, dizendo que não poderá vir por que tem que levar seu pai ao hospital, teve um desmaio. Posso arrumar uma carona?

—De que jeito? O pessoal já foi todo embora, estou aqui sozinha. Espera aí, deixa que eu ligo para casa e peço para meu irmão vir me buscar.

Desligo e fico pensando. E agora?

—A senhora desculpe a minha intromissão, mas parece que ficou a pé?

—É, o Francisco não vai poder me pegar, o pai está doente. O senhor permite que eu ligue para minha casa? Depois eu pago a ligação para a firma, meu irmão vem me buscar.

—Claro, claro. Disponha.

—Alô, Eugênio, é o seguinte...

Explico para meu irmão a situação. Ele, pra variar, está saindo com a Malu, não vai poder me buscar. Manda pedir carona pro chefe, "não foi ele que te mandou trabalhar de noite?"

—Dr. Saulo, será que o senhor podia me deixar em casa?

—Mas é claro, dona Elisa. Será até um prazer andar em companhia tão agradável.

—Que é isso, doutor. A estas alturas não sou nenhum pouco agradável.

Saímos, o guarda apaga a luz de minha sala enquanto o doutor liga o motor e acende a luz. Nunca tinha entrado em seu carro. É um Monza, do ano; também, explorando a gente como explora, só pode mesmo é comprar estes carros caros. Sento meio sem jeito, me cuidando. Ele liga o toca-fitas e pergunta onde eu moro. Digo-lhe e o carro desliza, suavemente, nem parece que andamos nestas ruas esburacadas. Nem se compara com o fusquinha do Francisco... O lugar onde moro é distante, tem umas ruas escuras, mal iluminadas. Ele vai falando, parece outra pessoa e não aquele homem apressado, todo urgente na firma, azedo às vezes, outras estúpido. Vou meio calada, apreensiva. Quando chegamos na rua escura ele vai reduzindo, até que para. Meu coração pula.

—Nunca tinha conversado com a senhora. É uma mulher interessante, dona Elisa. A gente trabalha tanto tempo juntos e nem se conhece.

—Para quê, doutor? Para vocês o que deve interessar é a competência dos empregados, o resto é conversa fiada.

—Que é isso, não somos tão desumanos.

—O senhor me desculpe, mas por que parou aqui? A minha casa é mais adiante, duas quadras, dobra à direita, a segunda casa, uma bege.

—Ah, eu me distraí conversando. É que hoje prestei atenção na senhora, gostei demais, a senhora está muito bem hoje, já lhe disse?

—Sim, doutor, mas...

—Aqui não sou doutor. Me chame de Saulo...

—Por quê? Doutor, eu estou cansada, o senhor poderia deixar-me em casa agora mesmo? Falta pouco...

—Mas que pressa! A senhora pode chegar um pouco mais tarde amanhã, não tem problema, seu serviço está pronto...

—Eu quero ir embora agora.

—Sabe? A gente poderia ir até um barzinho tranquilo, tomar um drink...

—Não senhor, não quero me meter em encrencas. Eu tenho meu namorado, não tenho o hábito de sair com homem casado, e se o senhor não me deixar em casa agora eu vou a pé.

—Tá bom, não se altere, não falei nada demais. Desculpe-me, não queria ofendê-la.

Ligou o carro, a cara fechada de novo. Deixou-me em casa e foi-se rápido, os pneus cantando nas pedrinhas da rua. Ufa, que susto.

No outro dia agiu como se nada tivesse acontecido.

Passado um mês, de novo pediu-me para fazer hora extra. Não tive como dizer não. Combinei com o Francisco e pedi pelo amor de Deus que não esquecesse de me buscar. Naquele dia, o guarda estava doente e eu completamente sozinha trabalhando. Quando menos esperava, de novo, o patrãozinho. Ele ficou por ali, andou para lá, andou para cá, sentou-se à minha frente e ficou me observando. Começou a falar macio, me elogiar, sutilmente me fez uma sugestão, eu rebati; foi mais ousado, pegou em minha mão, eu o repeli. Já ia pegando minha bolsa para ir embora, quando ele me prensou contra o arquivo, me segurou com força e tentou me beijar. Eu perdi a paciência, empurrei-o com força, meus óculos caíram ao chão e quebraram-se as lentes. Eu o olhei incrédula e disse:

—Quem o senhor pensa que é? Não sabe respeitar as pessoas? Não conhece uma pessoa decente, acha que todo mundo é da sua laia? E meus óculos? Agora o senhor faça o favor de pagar umas lentes novas, boa noite e fique sabendo que nunca mais ponho meus pés aqui. Sua mulher vai ficar sabendo disso amanhã mesmo...

—Me desculpe, dona Elisa, é que a senhora vira a minha cabeça. Faz tempo que eu observo, a senhora tem umas pernas lindas, este corpo magrinho, acinturado, parece uma menina... eu não aguento mais...

—Pois vá curtir a sua mulher, ora bolas... eu não me presto pra isso!

—Não faça isso comigo, por favor, me dê um pouco de atenção...

—O senhor não se enxerga? Não tem espelho em casa? Acha-se tão lindo assim que uma mulher não vai resistir e cair aos seus pés? Ponha-se no seu lugar, um dirigente de uma empresa ser tão vulgar, cantando toda mulher que encontra pela frente e não respeitando as próprias funcionárias...

Fui saindo, batendo os pés. Ele ainda segurou meus braços, tentou me prender contra a parede, mas, neste instante, Francisco, que aguardava do lado de fora, viu a cena, e entrou como uma bala. O homem ficou branco, perdeu a linha, quis explicar-se, mas Francisco nem esperou. Tocou-lhe uma direita no queixo, pegou-me pela mão e saiu, batendo a porta.

Hoje, estou em outra empresa. Meu chefe é um senhor de idade, calmo, parece alguém em paz com a vida. As outras funcionárias me segredaram que ele tem uma amante, com quem tem um filho. A mulher dele sabe, ele paga pensão e vive com as duas. Antigamente disse que era metido a garanhão com o mulherio, mas agora sossegou o pavio. Ainda bem. Mas agora não tenho mais medo. Enfrento qualquer um. Fiz um curso de judô e defesa pessoal, quem se meter comigo, leva o braço. Meu casamento está marcado para o finzinho de abril, quando o frio começa a pintar.

A mulher e o mar

Eram cinco horas da tarde.

O sol ainda queimava, de leve, e a brisa forte soprava, trazendo areia na direção do mar para a praia. Por que será que sempre tem vento de tarde nas praias do sul? As pessoas vêm de tão longe, andam quilômetros e quilômetros e, geralmente, não podem aproveitar o mar de tarde...

O marido e os filhos tinham ido dar uma caminhada para o lado sul. Ela ficou estirada sobre a esteira, tentando conseguir um pouco mais de bronzeado.

Olhou o mar, e viu as ondas levantarem-se e se enrolarem, e caírem borbulhando, se desmanchando em espuma sobre a areia, enquanto outra se preparava para fazer o mesmo, e já voltava com a areia repuxando... milhares e milhares, e milhões de vezes – será que o mar nunca parou? Será que ele não cansa de fazer sempre a mesma coisa (para a nossa alegria)?

Aí ela pensou: trabalhei dois anos inteiros, meu marido também. Economizamos, e aqui estamos. Na vida boa, cama e mesa servida, do bom e do melhor, de acordo com nosso bolso. Somos parte de uma minoria, não a minoria do topo da pirâmide – ih, estamos longe, a léguas de distância – mas, mesmo assim, de classe dita “média” que se arrebenta para poder ter 17 dias e meio de férias (se der) em um hotel regular, com atendimento e pagamento regular.

As pessoas com quem fizeram amizade estão na mesma situação: professores, contabilistas, médicos de pouca fama, chefes de escritórios, engenheiros, bancários, senhores aposentados... As mulheres, quase todas, trabalham fora, pois mesmo que não seja muito o que ganham, ajudam o orçamento e a manter (e olha lá) o padrão de vida. Se deixarem de trabalhar...

Quantas pessoas gostariam de estar lá também? Nem se sabe. Umas já nem sonham, pois sabem ser impossível. Quando tiram férias, é para trabalhar em casa, arrumando, consertando, reformando, fazendo o que precisam.

Outros trabalhadores deste Brasil, que mal e mal conseguem sobreviver com suas remunerações, gostariam de, pelo menos uma vez na vida, como a mulher um dia sonhou, ir para o mar, ficar estirados na areia, sem saber de dia, nem hora, nem compromissos, nem crise, nem inflação, nem guerras, acidentes, coisas ruins... apenas, olhando o mar... curtindo a areia nas mãos, nos cabelos, no rosto... olhando o mar e sentindo suas águas baterem e fazerem massagem em seu corpo, e o sol, maravilhoso, a tostar.

Nem hora, nem dia...

Só o mar... o sol...

Ray-ban e bengala

Ele costumava sentar-se à sombra do cinamomo no verão; usava bermudas, suas pernas eram esbranquiçadas, pálidas. Vinha, vagarosamente, passos pequenos e cadenciados pelo uso da bengala. Destoando de sua idade e de suas características – ou alterando-as – usava um ray-ban muito preto, daqueles de ceguinho. E um chapéu de palha. Ficava ali, horas e horas, sem que ninguém viesse conversar com ele, dar-lhe atenção. Ao fim da manhã, ou da tarde, recolhia-se ao seu quartinho minúsculo, aos fundos da casa.

No inverno, era o contrário: procurava o quentinho do sol e fugia ao assobiar do minuano, que enregelava-lhe os pés e as mãos e congelava-lhe o nariz, chegando a doer, suponho. O que mantinha, em qualquer tempo, era o ray-ban e a bengala. Esta, devido a um problema na perna, ocasionado por um acidente na mocidade: fora ferido por uma vaca, nos seus tempos de campeiro. E o ferimento nunca curara completamente, comentam à sorrelfa.

A sua vida, agora, a quem o via de longe, parecia sem objetivo. Passava os dias entre o quarto e o sol ou sombra. Dizem que não quis casar-se. Não se sabe por quê.

A princípio pensei que morasse de favor com o irmão, a cunhada e seus filhos. Depois, soube que, na realidade, a casa era dele e que o irmão, ao casar, assumira com ele o compromisso de cuidá-lo até a morte.

E o tempo foi passando. Eu via-o de minha cozinha, que dava para a frente da casa deles. Indagava-me da finalidade e inutilidade daquela vida; da solidão e angústia que deveria sentir por viver daquele jeito, sozinho, sem diálogo. Eu julgo os outros por mim, que não consigo ficar muito tempo quieta, tenho que conversar com alguém. Vícios de professora, a gente fala muito em sala de aula.

Seguido ficava sabendo que tinha ido para o hospital, por causa da bronquite ou da perna.

Dizem que não gostava que entrassem em seu quartinho (um ermitão?); se fosse por ele, ele mesmo faria a higiene, para que sua intimidade não fosse devassada, suponho.

Quando ocorriam enchentes – frequentes, pois moravam numa baixada a cem metros do rio – não queria retirar-se e levar seus pertences até baixar a água.

Um dia, soube que tinha morrido. E que tinha sido maltratado pelas enfermeiras do hospital de caridade; faltaram-lhe com o respeito moral e humano por ser uma pessoa simples, do povo, e por que sua assistência era a do INAMPS.

A família ficou com a casa e sentiu um alívio. Não havia mais doença, horários para tudo.

Quando o sol brilha, no inverno, ou procuro a sombra, no verão, recordo-me daquele velhinho. Nunca conversei com ele. Só em pensamento.

O mar

As calmarias trazem sossego e paz aos espíritos cansados; os seus ruídos constantes, conforme o estado das almas dos homens, pode ser repousante e agradável, ou estrondoso e irritante.

Em noites escurecidas pela falta da lua e o apagar das estrelas, aparece a procela, derramando sua fúria sobre os rochedos e arrecifes, indo, aos poucos, chocar-se mais brando sobre as solitárias areias da praia.

Os marinheiros, acostumados que estão com o temperamento e o gênio impulsivo do mar, navegam despreocupados, sem incomodar-se com o seu ondular constante e livre; este traz uma brisa marinha que dá prazer aos sentidos.

Já o temperamento romântico e poético pinta o mar como o cofre de lendas e mistérios que guarda a profundidade quase insondável do coração humano e sua alma, às vezes, atormentada.

Diretório Acadêmico (D.A.)

A moça que trabalhava como Secretária Executiva de uma empresa que revendia tratores e implementos agrícolas chamava-se Sônia. Suas amigas Jane, Elisa e Angelina também trabalhavam desde seus 15 anos pois suas famílias eram pobres e não podiam pagar-lhes a faculdade.

Ela era a líder do quarteto (ou pensava que era); quando havia trabalho em grupo, ela coordenava. Gostava muito de escrever, fazia seus poemas e suas crônicas, expondo-os ao seu Mestre de Literatura, que os julgava bons e sugeria a publicação no jornal local. Tinha um colega que trabalhava no jornal "Clarineta" e, de vez em quando, publicava um ou outro texto dela.

Sônia queria ser uma mulher atuante, dinâmica, politizada. Mas suas ideias eram curtas e suas opiniões políticas praticamente reproduziam as do seu pai, um senhor respeitável, calmo, que era contra Getúlio Vargas e Brizola (comentava-se na família que Getúlio e os seus tinham "roubado" as terras da família dele em São Borja, coisa difícil de provar), e que achava que os militares tinham parado com a bagunça que reinava no país antes do 31 de março de 1964. Seus mestres, muito preocupados com os conteúdos de suas matérias, pouco ou nada esclareciam com relação a isto. Ao contrário, os que comentavam sobre política eram contra os militares, a favor do comunismo. Na ingenuidade dos seus dezoito anos ela acreditava estar certa. Discutia com os colegas, defendia seus pontos de vista sem muita base, mas com a ênfase proporcionada pela juventude e os hormônios. Quando das eleições, fazia campanha para os candidatos da situação, compenetrada de suas verdades indiscutíveis.

No "Rango", que lia no Diretório Acadêmico, lugar que insistia em frequentar apesar do mal-estar reinante com sua presença, via apenas uma revistinha de humor, como Tio Patinhas ou Mônica. As sutilezas, necessárias naquele tempo para fugir da censura, escapavam-lhe. Era muito bem intencionada, mas faltava-lhe luz. Esta, não era só a ela que faltava mas, sim, à maioria do povo brasileiro que sobreviveu neste período da história do país, em que as torturas e males realizados não transpiravam, o povo era iludido (como sempre, aliás) e ludibriado, e nem desconfiava. Tampouco seus colegas eram iluminados, apenas repetiam o que ouviam por aí, massa de manobra. Nunca leram uma linha de Marx ou Mao Tsé Tung. Faziam parte da guerrilha continuada na ilusão, sem o treinamento e as informações.

A diretoria "revolucionária", encabeçada pelo Bóris, o múltiplo pai brasileiro, venceu as eleições no D.A. Sônia e as meninas, apesar de não concordarem com as suas ideias, fizeram campanha e votaram nele por amizade. O diretório a partir de então, começou a efetivar várias promoções, inclusive reuniões-dançantes no próprio R.U. Nestas reuniões e na boate local da cidade, tocavam Os Incríveis,

Renato e seus Blues Caps, Roberto Carlos, The Beatles, Simon and Garfunkel, Benito Di Paula, Paulinho da Viola, Tim Maia, Gonzaguinha, entre outros. Retumbavam alto e bom som no aparelho estereofônico instalado, que era majestosamente nomeado "música mecânica".

Sônia e Bóris paqueravam. Eram o quarteto e a turma do Diretório os primeiros a chegar e os últimos a sair, seguindo, depois, para a boate, dançando até altas madrugadas.

Mas Sônia, apesar de avançada em algumas ideias, meio independente e meio liberal (julgava ter autonomia), era a imagem do que o pessoal do D.A. costumava chamar (e alguns professores também) pequena burguesa. Seus sonhos de realização amorosa cheiravam a Lord Byron ou Álvares de Azevedo. Quando namorava alguém, chegava a ser alucinada e possessiva. Queria atenção total e dava atenção total, num romantismo que lembrava Werther. A consumação deste amor, para ela, só poderia ser através do casamento. Teoricamente achava bonito os casais que estavam começando, na década de setenta, a fazer experiências de convivência para ver se dava certo, o tal amor livre (paz e amor, bixo, e os hippies), e só depois casavam. Mas, para ela, a coisa deveria ser nos conformes. Quem quisesse fazer suas experiências, que fizesse. Ela queria véu e grinalda. Por isto não se acertou com Bóris, que condenava o matrimônio, tachando-o de burguês, retrocesso desnecessário, que impedia as pessoas de usufruírem de suas liberdades.

Os semestres iam passando até que a diretoria assumiu o D.A., as relações entre os dois grupos foram escasseando a partir de um acontecimento que gerou uma tristeza muito grande em Sônia e as amigas.

Havia na cidade um barzinho muito frequentado pela juventude chamado Dois pinguins. Os estudantes iam para lá depois das aulas e, nos fins de semana, depois do cinema, para tomar um chope, falar de política, paquerar e contar piadas. Sônia, dependendo da piada, perdia a linha ou manifestava nojo, o que servia de chacota para as irmãs chamadas vermelhas por causa da cor do cabelo, ruivas, Délia e Nélsi. Uma sexta-feira, depois da sessão das 22:30 do cinema, decidiram ir para a boate. Naquele tempo, estava na moda o uso de vestidos longos e saias longas para a noite, muito chique; Sônia e as meninas pediram um tempo para se trocar e fazer maquiagem. A turma foi contra, houve uma discussão e um deboche, mas assentiram. Elas foram até em casa; enquanto isto, no fusqueta, Bóris, Délia, Nélsi e Armando, combinaram aprontar para as gurias. Resolveram que iriam antes ao barzinho e expor ao ridículo as colegas – a roupa era adequada à boate, não ao bar, de acordo com o código local. E assim fizeram. Quando mudaram o roteiro, o quarteto abriu a boca, mas o pessoal não deu bola. Obrigaram-nas a descer e entrar no barzinho, para receberem os assobios, as vaias e a gozação dos frequentadores pelos trajes inadequados. Sônia tinha vontade de chorar. Ouviu as piadas mais sujas e asquerosas da turma, obrigaram-na a tomar cerveja, a que não estava acostumada, e chamaram-na, mais uma vez, de pequena burguesa, vendida, puritana e só faltou dizer que era idiota, mas deram a entender. Depois foram dançar. Neste momento, algo quebrou-se dentro de Sônia, e ela viu que alguma coisa não ia bem. Nesse ponto, era meio lerdinha, sempre esperava o melhor das pessoas. Percebeu que, na realidade, o grupo a rejeitava, que suas ideias não fechavam e que não adiantava insistir. Ao retornarem, Bóris convidou-a, entre irônico, debochado e cínico, para darem uma volta e conhecer seu quarto, na pensão. Ela abriu a jogada: que ele ficasse com seus múltiplos filhos, cada um de uma mulher diferente, com suas ideias socialistas e anti-burguesas, que ela ia cuidar de sua vida. Que, pelo menos, ela tinha o direito de viver segundo suas convicções, e que cada um agisse de acordo com sua cabeça. Ela vira que em matéria de política, ele criticaria o poder até tê-lo nas mãos, e se um dia fosse governo, não seria diferente dos demais.

Tempos depois, concluídos os cursos, cada um seguiu seu caminho: Armando separou-se da mulher, indo viver com Nélsi, uma das vermelhas. A outra juntou-se com Eduardo, um comunista professor de Ciências. Bóris continuou sozinho.

Jane fez um concurso para o PREMEN, para ser professora de escola pública no RS e foi morar em Jaguarão.

Elisa voltou para sua cidade natal, perto de Piraí, onde conheceu um jovem agricultor e casou-se, indo lecionar numa escola rural.

Angelina publicou um livro de poemas, auxiliada pelo Mestre de Literatura, e foi embora para Santa Maria, onde encontrou um médico italiano que a "levou ao altar". Também foi levada a este lugar Sônia, por outro italiano, estudante de Engenharia Mecânica, e instalaram-se em cidade vizinha. Dispersão total, e foram perdendo o contato as amigas.

E o tempo continuou a escoar na ampulheta da vida.

Decorreram dez anos.

Um dia Jane e Sônia encontraram-se em Piraí. Emoção, alegria – o que fazes da vida? E a turma? E a família? Jane continuava solteira – os homens não merecem confiança, dizia – Sônia tinha dois filhos. Ambas lecionavam. Jane fizera extensão universitária e cursava Pós-graduação. Sônia ficara com a Graduação, mas pensava em retomar os estudos, o que era difícil pois a Universidade era em outra cidade. E a turma? Fulano, Beltrano...cada um cuidando de sua vida. Os revolucionários da década anterior, apesar de não oficializarem suas uniões, aburguesaram-se, tiveram filhos, exerciam suas profissões da mesma forma que condenavam. Bóris, segundo Jane, entrara para o Partido Comunista que fora liberado pela abertura política, e era assessor do prefeito atualmente. Continuava solteiro e com mais alguns filhos perdidos, de diversas mulheres, não dando nenhuma espécie de suporte e atenção a eles. Falava-se, na cidade, de seus golpes ao erário público. Enriquecera de repente: socialista de meia pataca.

Jane e Sônia foram a uma lancheria, matar a saudade da longa separação. Ambas continuavam muito ativas. Lembraram-se dos tempos da faculdade, do D.A., das ideias que tinham naquele tempo e de suas vidas atuais. Jane fazia parte do Partido Trabalhista e lutava, com mais vivacidade e consciência agora, pela defesa dos trabalhadores, contra a opressão e espoliação da população. Envelhecera um pouco: as cãs começavam a surgir, alguns pés-de-galinha insistiam em aparecer.

Sônia, mãe de família, sentia-se feliz e sufocada, ao mesmo tempo. Pretendia, ainda, voltar a estudar, mas o marido, os filhos e a escola mantinham-na totalmente ocupada. Ainda, mantinha-se até certo ponto, colaborando com a sua religião protestante, na direção de uma pré-escola beneficente ligada à igreja.. Entretanto, sua cabeça havia mudado. Com suas leituras, observação mais aguçada da realidade, amadurecimento e o convívio com seu homem, que tinha mais facilidade em compreender os fatos históricos, seus conceitos foram mudando. Conheceu a realidade de sua década de estudante universitária, seu país, através de alguns livros que lera: Olga, Brasil nunca mais, Memórias do Cárcere, As veias abertas da América Latina, entre muitos outros. Lia diariamente jornais e revistas e seu espírito crítico se aguçou. Conheceu Simone de Beauvoir, Virgínia Woolf, Heloneida Studart e outros autores. Começou, por conta, a estudar história e filosofia, mantendo-se, sempre, atenta aos acontecimentos políticos e sociais, desenvolvendo pela própria cabeça ideias diferentes do seu tempo de estudante. Porém, manteve um equilíbrio. Com o tempo percebeu que havia muito jogo político; que opositores hoje, estariam juntos amanhã. Que "o povo é só um detalhe" para todas as cores políticas.

Despediram-se alegres e emocionadas. Reencontraram-se algumas vezes, rapidamente, e cada uma foi seguindo o curso atual de suas vidas.

O que se quebrou uma vez, abrindo uma réstia de luz era, agora, um enorme clarão. Sônia não era mais "da situação", ou do lado dos militares, como seu pai. Aliás, politicamente, não era de lado nenhum, não acreditava mais em políticos pois verificara que cada um cuidava de seus próprios interesses e via o quanto tinha sido enganada e iludida pelos dois lados. Entendera que os políticos eram todos "farinha do mesmo saco". Compreendera o porquê de sua rejeição no D.A., o porquê das ideias do grupo. Só que o que eles combatiam naquele tempo, em termos de estrutura social, reproduziam agora. Ela não era mais a idiota: conhecia bem e assumia sua situação, mantendo a cabeça fria e a lucidez. Esquecera o ultrarromantismo (a vida é dura!), mas não a alegria de viver e a capacidade de se tornar um ser humano total, sem reservas, sem engodos, mais realista.

Decadência

Vinte anos passam depressa!?!

Um casamento corrói-se aos poucos, devagarinho.

Uma imagem desfaz-se e, em seu lugar – fênix ressurreta – surge outra, menos sutil, mais grotesca. Algo permaneceu do original – seria o olhar? A pose? Ou as longas e finas mãos e unhas? O cabelo preto?

Uma menina de dez anos admirava sua elegante e bela professora. Deve ser rica – pensava, com seus olhos pobres, suas vestes humildes, sua precária situação – um dia (Cinderela?) eu também vou ser bonita e ter um carro, um marido engenheiro e várias empregadas.

Trinta anos depois, encontra a mestra. A menina desenvolveu-se, saiu do seu chão, pisou outros terrenos, conquistou títulos, avançou socialmente, teve uma leve ascensão financeira. A mestra procurou-a para que lhe prestasse uma assistência profissional. Ao vê-la a reconheceu, nomeou-a e fez-se o restabelecimento temporal. Algumas recordações, datas imprecisas, vagas lembranças.

Após a prestação profissional, um bar, cerveja, pizza. E a antiga professora narra-lhe sua vida do ponto onde até então tivera conhecimento: casamento com um médico, desfeito; depressão social; perdeu o verniz, a polidez que a caracterizava. Passou por mil e uma dificuldades. Não perdeu, entretanto, o orgulho e a pose. O vocabulário, inclusive, tornou-se vulgar.

As imagens da infância não deveriam ser desfeitas. Elas doem demais. Servem de leme para nossa caminhada. Ao perdê-las, perdemos um pouco de nós mesmos, da força que, um dia, nos impulsionou.

Hora marcada

Aguardou o ônibus com a passagem na mão. Horário brasileiro: saída marcada para as sete, real: sete e vinte. O sono quer bater, pois levantou às seis horas, então sai do banco onde sentara e caminha para fora da Estação Rodoviária.

É incrível - pensa - a vida da gente dá tantas reviravoltas que nem se sonha. Quando, em minha vida, ia pensar em morar onde estou agora? Nunca! Eu nem conhecia este fim de mundo!...

O cobrador confere as passagens, lugar nº5, bem à frente. Notícias das sete na Rádio local; o ônibus já anda. Preço do trigo, agricultores, financiamentos fechados no Banco do Brasil.

—Especial: morreu na noite passada, João Paulo I, com apenas 33 dias de papado! - Assombro geral dentro do ônibus - A eleição de um novo papa será mais rápida, tendo em vista a experiência dos cardeais, com a morte de Paulo VI, há pouco mais de um mês.

Os comentários são vários.

O ônibus para aqui e ali - pinga-pinga. Música popular brasileira - Sambalanço - na rádio sintonizada pelo motorista (música ambiente...). Muda o programa, uma valsa, e o velho albino do lado tamborila no ritmo, alegremente, como (imagina ela) se estivesse em seus áureos tempos a rodopiar com uma alemoazinha em um baile de Kerb.

Com a passagem no bolso do casaco, a bolsa sobre as pernas e a cabeça reclinada, olhos fechados, tenta descansar. Esta agitação, mesmo em cidade pequena, cansa. Preparar aulas, formular exercícios, questões, pesquisar, elaborar provas – corrigi-las – participar de reuniões, enche.

Mais uma parada.

—Esse cheiro de óleo queimado e poeira me revolta o estômago. Ainda bem que estamos perto.

Enquanto passam os campos com o trigo crescendo, bonito, algumas árvores perdidas aqui e ali – problemas ecológicos – uma lagoazinha, um açude, casas esparsas, o pensamento volteia.

—Mais uma consulta. Esperar duas horas, a moça diz que de manhã não dá, eu digo que já marquei há um mês a consulta, a outra responde que tem que ter paciência, INAMPS é assim mesmo, eu digo que estou perdendo aulas no colégio, vê se dá um jeitinho, a outra diz que vai ver, e assim passa o tempo.

Novamente o cheiro de óleo queimado. Poeira. Suor dos colonos que aproveitaram a chuvinha para vir à cidade, fazer compras ou pagar contas.

—Aceita uma bala? Sabe, eu agora tô aproveitando o dinheiro. Antes eu guardava em casa, ganhava até bastante, vendendo ovos, leite, queijo, carne de porco, verdura. Agora não: uma vez por semana vou para a cidade, compro tudo o que quero. Afinal, dinheiro é feito para gastar, né?

Quem tem sim, pensa.

A velha "apeia", depois de falar da família. Todas as filhas casadas. E bem casadas, só que moram longe. Desce do ônibus. Sabe que dentro de um mês terá de ir novamente, se tudo permanecer bem com a gravidez. Dentro de três terá o seu bebê. Caminha lentamente. O dia passou. Mais um. Quantos ainda?

Retrato

A mulher casara-se com quinze anos. Analfabeta. Sabia da vida aquilo que aprendera com as irmãs mais velhas, aos cochichos, ou com os moleques, na rua. A malícia comandava estes cochichos, com um risinho coberto pela mão e olhares intencionais. Muito cedo, descobrira que as crianças crescem dentro da barriga das mulheres, e que para entrar lá era preciso fazer alguma coisa. O fazer foi mistério por um tempo, até que ouviu a palavra. E junto com ela veio o seu ato.

Casou-se, como disse, com quinze anos. Já era velha conhecedora do ato em si. Sentia um prazer imenso. O primeiro filho veio dois meses depois. O marido era pedreiro. Moravam numa vila, a vila Promessa. Nunca um nome coube tão bem a um local como este. A penúria debatia-se dia a dia com a esperança de melhora, de amanhã ter um melhor que comer. A criança foi crescendo, milagrosamente inteligente, apesar da alimentação deficiente, duas vezes por dia. Ao completar um ano, já tinha um irmãozinho. Ao completar dois, outro. Ao completar três, a irmã. E assim foi indo, já eram cinco. À medida que crescia, ia ajudando a limpar a casa, a fazer comida, a levar e trazer recados, a pedir coisas emprestadas aos vizinhos (que dificilmente eram devolvidas), a ir ao armazém comprar na caderneta o que o pai ia pagar no fim do mês, se sobrasse.

Foi para a escola. Pública estadual, a uma quadra da casa. Inteligência sutil, apesar dos pesares; sagacidade. Enquanto estudava, a mãe fazia em casa seu pirão. As crianças menores brincavam na terra, comendo-a de vez em quando, urinando em qualquer canto, defecando na roupa e olhando, todos muito interessados, os carros que por ali passavam, de quando em vez, levantando muita poeira vermelha. O nariz estava, sempre, escorrendo; o líquido esverdeado viscoso a sujar as carinhas misturado ao pó; de olhos muito grandes e fundos, às vezes meio parados e com as barrigas, como as de muitas crianças brasileiras, enormes e duras. Pareciam saracuras, com pernas muito finas, salientando-se os ossos redondos dos joelhos.

Quando Everaldo já estava começando os exames de fim de ano, a mãe tirou-o da escola para atender a casa, pois estava para ganhar mais um filho e não podia mais trabalhar. Assim agiu durante dois ou três anos, fazendo-o atrasar-se apesar de já estar quase aprovado. Com o tempo e perspicácia, as professoras foram conhecendo-o e à sua família. Faziam o possível por ele, inclusive proporcionando-lhe exames fora das épocas habituais. Assim, conseguiu concluir o primário: foi o primeiro alfabetizado da família.

A mulher, Alzira, não gostou do último filho que teve. Achava-o feio, os olhos saltados, a boca de sapo – só não percebia que era a cara dela, o mais parecido. Não dava comida, não cuidava, raramente fazia-lhe a higiene. Quando chorava, soqueava-o, amassava-o contra o fundo da caminha feita de pedaços de madeira grossa, que parecia um caixão. Um dia em que Volmar, seu pequeno, chorava em demasia, apareceu em sua frente, sem que esperasse e ao maltratá-lo, a filha da vizinha da frente. Era uma menina magra, comprida, que gostava de andar com os pés descalços, mas muito asseada. A família era de um funcionário público, daqueles esforçados e que se descabelam para melhorar de vida. Alzira disfarçou:

—Ora, o que é que tem o filhinho da mãe, acho que tá doentinho que tanto chora...

—Dona Alzira, posso levar ele um pouquinho? Sabe, a mãe tem saudade de nenê e de vez em quando quer matar esta saudade.

—Claro que pode, deixa só eu mudá ele.

Enquanto aguardava, a menina observava o rancho. Uma casinha de madeira, duas peças, um cheiro de fumaça, de azedume a que não estava acostumada.

A menina levou-o, a mãe deu uma mamadeira de maisena com leite, ajeitou roupinhas de seu filho mais novo para ele e embalou a criança, que logo parou de chorar, adormecendo satisfeita, pela primeira vez, embora um suspiro o sacudisse de vez em quando. Passou o dia com eles; à tardinha levaram-no de volta. Assim, às vezes, ao ouvir o menino chorar demais, lá ia a menina buscá-lo para dar-lhe um sopro de vida.

Aos domingos, seu Sebastião, o pedreiro, gostava de passear. Colocava a roupa de festa: camisa listrada, calça cinza, óculos escuros e rádio portátil debaixo do braço. Saía a passo e ia para o Estádio Municipal Dezenove de

Outubro assistir ao futebol citadino. Quando falava, era devagar, medindo as palavras, com o erre retroflexo muito enrolado. Parecia um caminhão de paciência; para ele, parecia, tudo estava bem.

A menina, Dorotéia, era outra que Alzira não gostava; tratava-a mal, xingava, batia, era o próprio Jesus crucificado. Certa vez, numa véspera de Natal, disse para a menina pegar o Volmar e ir passear; a guria foi. Ao retornar, qual não foi a sua surpresa ao ver a casa fechada a chave e vazia. Dorotéia tinha nove anos e Volmar um, mas parecia uma menina de cinco e um bebezinho. Ela sentou no degrau da escada com o guri no colo e ali ficou. Passou o dia. As vizinhas olhavam, estranhando o fato. Ao entardecer a vizinha da frente foi ver o que houve. A guria contou o caso e mais, a mãe tinha falado que todos iriam passar o Natal em Sobradinho em casa de parentes, mas ela acabou ficando com o irmão pois a mãe a mandara passear. Volmar já nem tinha mais voz de tanto que chorara de fome e dor de barriga – estava com uma disenteria terrível. A mulher perguntou quem eram os padrinhos do guri e dela. Dela não sabia, mas do Volmar era o Sargento Fagundes, que mora perto do CTG. A vizinha mandou a filha com as crianças lá na casa do homem, mas ele não aceitou-as pois "ninguém falou comigo, e se tua mãe aceitou a responsabilidade de ficar com eles, que assuma." A mulher colocou-os dentro de sua casa, alimentou-os, tratou da dor de barriga do guri; saiu à noite com o marido, ambos mortos de cansaço, para achar um brinquedinho para os dois, pois eles veriam seus filhos ganharem suas lembrancinhas de fim de ano e ficariam desolados. O guri chorou e borrou as fraldas a noite inteira, deixando a casa infestada com o mau cheiro de seus intestinos. O fim da história? O caso foi parar no Juizado de Menores, com os padrinhos da criança, instados depois pelo casal vizinho, a tomar uma atitude, assumindo o pátrio poder de Volmar. Era isto que Alzira queria, livrar-se da peste que só sabe berrar. E Dorotéia? Foi doada para uma outra família que foi embora para Porto Alegre. E os outros filhos? Um vivia com a avó materna, em Sobradinho, o outro, o favorito, não frequentava a escola e era o malandrão afofado pela mãe. Os outros foram sobrevivendo como podiam, e o mais velho, Everaldo, sempre útil, logo começou a trabalhar, trazendo rendimentos para elevar o nível da vida da família. Superando a si mesmo, conseguiu, ao ir para o exército, concluir o ginásio e o secundário, com notas brilhantes. Logo depois, fez o concurso para o Banco do Brasil, passou, e foi viver sua vida em outra cidade, procurando esquecer sua infância de carências. Hoje não se vê nele o menino barrigudo, esfomeado e explorado que foi.

E a mãe? E o pai? Continuam na vila Promessa, em sua casa pintada de azul há muito tempo, já desbotada, tomando mate pelas tardes sem fim, debaixo de um cinamomo. Os filhos? Deus deu o melhor caminho. Ela só não teve mais crianças pois teve um problema no "oveiro" e teve que se operar, não podendo mais engravidar. Melhor, agora só aproveitava e, pelo menos, não botava mais no mundo "aquelas peste que só sabe berrá..."

Miragem

É tarde. A angústia tomou-me por inteiro e estou inquieta. Olho novamente o fonograma, após uma tomada de ar, refazendo-me completamente.

Levanto os olhos e enxergo a porta. Marrom (ou vermelho escuro?), com duas travessas horizontais, imóvel como uma porta, talvez. O vento leve que entra pela janela vem acompanhado das últimas claridades do sol. Sentada na caixa de lenha, não sei se sorrio, choro ou se não faço nada. Meu Deus, é incrível! Após dois meses e meio vou vê-lo novamente, poder sentir seu cheirinho gostoso, apertá-lo em meus braços até o desespero e beijá-lo com a ânsia de um dia após o outro. Choro. Rio. Estou apatetada. Vejo-me, num repente, com o vestido velho (o último presente dele antes de viajar), os cabelos por arrumar, as unhas por fazer. Há quanto tempo não arrumo as sobrancelhas? Deparo com o relógio diante de meus olhos: são sete e meia da noite, e eu acabei de jantar. Deixe-me ver ... o fonograma diz que ele chegará por volta das vinte e uma horas. Então tenho uma hora e meia.

Enquanto ponho a água esquentar para um banho rápido, vou enrolando os cabelos apressadamente. E, subitamente, os fatos retornam nitidamente, jorrando em meus pensamentos como uma cachoeira: o dia, triste apesar do sol (meu eterno amor) a brilhar. O adeus (sem notar, dissemos adeus e não até logo), foi quase inesperado, e o beijo que trocamos tão rápido que nem chegamos a senti-lo. Eu não chorei; como sempre, engulo as lágrimas ao máximo, faço-me de forte para não entristecer aos outros. Mas por dentro, corroía-me, desmanchava-me em prantos sentidos, antevendo a saudade na ausência. Em meus trinta anos, já aprendera, ou melhor, dera os primeiros passos em direção à compreensão: os sofrimentos, aos poucos, foram dando severas e suaves lições.

Eu compreendia: ele queria fazer este curso, para podermos melhorar de vida. Era indispensável, pois, como professor, deveria atualizar-se sempre, uma vez que a profissão assim o exigia e, como a cidade onde vivemos não tem cursos, fazia-se necessário que ocorresse esta separação temporária. Eu compreendia, sim, mas não podia deixar de pensar nas loirosas ou morenosas que poderia vir a conhecer. Entretanto, amava-o demais, e ao vê-lo realizar-se, realizava-me nele.

A água ferveu. Juntei à água fria que já colocara na banheira e, juntamente com meu melhor perfume, deliciei-me eternamente em um banho de 15 minutos. Agora, as unhas; o vestido que, embora de um estampado vistoso, tinha um modelo discreto.

Observei-me em frente ao espelho. Parecia uma rainha. E, a todo momento, tremia toda, só de pensar no matar a saudade.

Entre suspiros, desejos e gemidos de amor, já sentia seu corpo quente me enlaçando.

Foi quando, não sei como, nem por quê, tudo aconteceu. E eu vivi: sei que vivi porque vivo ainda agora, e por viver agora é que sei: nós nos amamos em nossa casa, em nossa cama, no tapete, na banheira, como desesperados e submissos; como apaixonados que se odeiam e inimigos que se amam. Eu o tenho em mim. Ele me tem nele, e somos um em dois, mas já somos três, uma multidão.

Parece que acordo, venho de um longo e profundo estado de letargia. Ainda tenho o fonograma na mão. Vejo o relógio, bem em frente aos meus olhos; o vestido (o último que ele me deu), os cabelos, as unhas, a sobrancelha... meu Deus! Releio o fonograma:

"SENTIMOS INFORMAR O TRÁGICO FALECIMENTO DE SEU MARIDO ESTA TARDE. O CORPO CHEGARÁ EM TORNO DAS 21H. COLEGAS JOÃO, PEDRO E AMÉRICO."

Eu não sinto, não choro: sempre consegui engolir as lágrimas...

O rancho

O dia correra tranquilo, como estava também tranquilo, agora, o rio, cujas águas aos poucos retornavam ao seu leito.

Os passarinhos voltavam a cantar e pular de galho em galho, reencontrando sua alegria e sua comida.

Os sapos pararam de coaxar, enfiando-se macegas adentro pela água, sossegando um pouco os ouvidos dos moradores das redondezas.

O casebre beira-rio mantinha-se seco, pelo menos o chão batido não estava embarrado. Os meninos divertiam-se matando as cobrinhas verdes e pretas que se arrastavam em direção ao barraco. Também aranhas de todas as cores e formatos, ratos, formigas e outros insetos das mais variada espécie. Acostumados que estavam com as enchentes frequentes, para eles não era novidade nenhuma estes acontecimentos, e quem por ali chegasse, sentir-se-ia abismado ao ver a naturalidade com que encaravam o fato.

A mulher, mãe das crianças, que ao todo eram 6, apesar do trabalho e da necessidade por que passava, mantinha-se até certo ponto "elegante" – não tinha barriga, como a maioria das mulheres nesta idade –, não sei se pelo fato de não ter o que comer em quantidade suficiente ou por ser uma pessoa inapetente. Creio que o primeiro motivo serve como justificativa. Mas, essa elegância corporal era aparente, pois seu rosto denunciava vivamente o tipo de vida que levava: olhos encovados, escuros, milhares de rugas pelo rosto, rugas essas precocemente adquiridas e à custa de trabalhos pesados, surras constantes do marido bêbado, preocupação com as doenças dos pequenos, falta de alimentação e conforto, desgaste físico e mental – dentes podres ou falta destes em grande quantidade, roupas puídas e remendadas, apesar de aparentemente limpas.

O marido trabalhava de auxiliar na construção civil e não era sempre que tinha emprego, devido ao seu constante estado alcoólico. Começava a beber quando recebia o pagamento, o porre era homérico.

Possidônio, este era o seu nome, era um homem de estatura mediana, cabelos pretos já se tornando prateados na fronte. Tinha no rosto a expressão das pessoas dependentes da bebida: a boca rasgada, meio que repuxada para os lados, os lábios parecendo como inchados e revirados, com um tique constante como se estivesse tirando o suco de uma cana, num estalar de lábios. Como a mulher, também tinha os olhos fundos, expressão desolada, cor esbranquiçado-amarelada, característica dos mal nutridos.

Frequentemente, à noite, ouviam-se seus gritos, mais como berros, difamando a mulher, agredindo-a e aos filhos com palavras amargas, pedindo silêncio, exigindo obediência cega, reclamando da vida, do choro do menorzinho, do gosto do caldo insosso, do compadre desgraçado que ficou de arrumar emprego para ele e não arrumou, um dia eu pego ele na ponta do facão, ele vai ver... Em dias de sobriedade, até que tinha a coragem de pegar na enxada e fazer umas covas, plantar alguma coisa da qual pudesse se servir posteriormente. Escavava com vontade, chegava até a cantar a mula manca, o boi barroso ou o meu chapéu tem três pontas.

Ao lado do casebre tem uma escola de primeiro e segundo grau. Às vezes Isaura, a mulher, chega-se a qualquer mestre que se encontre dando aula, e pergunta-lhe pela janela que horas são ou se já passou do meio dia, ou se a professora pode ler esta receita do Dr. Médico que receitou uns remedinhos pro Joãozinho e eu não consigo entender a letra para saber se já tá na hora (a receita de cabeça para baixo). A professora (ou professor) que fora obrigada a interromper sua explanação, responde rapidamente e tenta voltar à sua aula; Isaura permanece ali, falando, monologando coisas ininteligíveis, olha à distância, volta a chamar a professora, os alunos começam a rir e girar os dedos ao lado da cabeça, insinuando que ela é biruta, não regula bem, também, com a vida que leva...

Certa vez, uma professora de português pediu uma descrição de um lugar que lhes fosse bastante familiar. Uma menina, dos seus onze, doze anos assim escreveu: "perto da minha escola, precisamente ao lado esquerdo, tem uma família muito grande. Moram num casebre feito de pedaços de madeira, latas velhas, caixões um pouco com tijolos e também zinco, coberto um pedaço por telha de barro vermelha um pedaço de zinco que se desprendeu do colégio quando aqui ocorreu um furacão. Enxerga-se daqui as frestas entre as tábuas na parede, e no inverno essa gente deve passar muito frio, pois o minuano que sopra pra essas bandas é terrível. Tem uma escada pendurada de um lado da casa, as janelas não têm vidraças, são só de tábuas velhas; de dia se as fecharem, fica escuro dentro de casa. Eles devem ter fogão a lenha, pois a chaminé está constantemente expelindo uma fumacinha tênue. A um lado tem um tanque, onde a mulher lava seus trapos e dos filhos e do marido. Não têm água encanada porque eles sempre vêm buscar aqui no colégio, em latas e baldes velhos e amassados. Acho que não têm luz elétrica porque não há poste perto da casa e nem fios que vão até lá. Imagino que devam ter vela ou lampião de querosene para iluminá-los à noite. Não dá pra dizer de que cor é a casa porque em algumas tábuas há um resto de cores as mais variadas, bem desbotadas, mas a maioria é de uma cor preta, de tábua que nunca foi pintada. Acho que deve ser ruim a vida dessa família, ainda mais que a gente ouve daqui da sala, o homem brigando, às vezes. E também, porque eles não têm televisão pra ver. Deve ser muito chato."

Não foi difícil aos colegas e à professora identificar o local descrito e a veracidade e fidelidade com que foi feito.

Apenas, ela esqueceu-se de dizer que, aos fundos do terreno da prefeitura, onde se acha encalacrada a "casa", passa uma valeta, que desemboca no rio que corre a poucos metros de distância. E é por esta valeta que o rio vai encanando, subindo, devastando quando ocorrem as chuvaradas ou quando a água é represada pelo vento, ou, ainda, quando os açudes que se encontram mais acima, em pontos altos da cidade rebentam suas taipas, ocorrendo os turbilhões que apavoram os moradores ribeirinhos.

A Cidade

A cidade, ah, a cidade. É uma cidadezinha como muitas outras, como disse Mário Quintana em um de seus livros e vários outros escritores já colocaram: tem uma praça central, a Igreja Católica, o prédio da prefeitura, os clubes, as lojas, algumas indústrias, escolas, tudo que uma cidadezinha tem. E mais um detalhe: é uma cidade onde todos, ou a maioria até uns tempos atrás, eram descendentes de alemães. Seu nome: Westphália. O local tinha primeiramente moradores nativos, considerados brasileiros, de nome Silva e Rodrigues. Depois, as terras foram compradas por um alemão cheio da grana, que importou vários alemães e estes para cá trouxeram sua agricultura, suas culturas, suas flores, suas músicas, seus corais, seu chopp. E com o passar do tempo, os alemães foram convencendo-se de que sua cultura era melhor, seus conhecimentos também, de que os brasileiros são burros, por isso que seu país não se desenvolve. Porque lá na Alemanha, sim, que existe cultura, conhecimento, músicas, desenvolvimento, indústrias, escolas. O povo todo é alfabetizado, as universidades são aquilo que se pode chamar de universidade e não isso que tem aqui no Brasil. E dê-lhe cantar em alemão, tocar seus instrumentos e embebedar-se até o sol raiar. Os alemães têm um costume esquisito: cantam quando alguém nasce, quando é batizado, quando casa, quando morre. E sempre em alemão.

Fica no sul do Brasil, como muitas outras cidadezinhas onde vieram socorrer-se, também, italianos, poloneses, russos, holandeses e muitos outros imigrantes que fugiram da fome e/ou da guerra.

O Brasil os acolheu.